科·学·跑·步

健身跑如何远离运动损伤

刘琼 闫亚南 ◎ 著

中国书籍出版社
China Book Press

图书在版编目 (CIP) 数据

科学跑步.健身跑如何远离运动损伤/刘琼，闫亚南著.--北京：中国书籍出版社，2021.3

ISBN 978-7-5068-8391-7

Ⅰ.①科… Ⅱ.①刘… ②闫… Ⅲ.①健身跑-运动性疾病-损伤-防治-指南 Ⅳ.① G806 ② R873

中国版本图书馆 CIP 数据核字（2021）第 046374 号

科学跑步.健身跑如何远离运动损伤

刘 琼 闫亚南 著

责任编辑	成晓春
责任印制	孙马飞 马 芝
封面设计	仙 境
出版发行	中国书籍出版社
地　　址	北京市丰台区三路居路 97 号（邮编：100073）
电　　话	（010）52257143（总编室） （010）52257140（发行部）
电子邮箱	eo@chinabp.com.cn
经　　销	全国新华书店
印　　厂	三河市德贤弘印务有限公司
开　　本	710 毫米 ×1000 毫米 1/16
字　　数	201 千字
印　　张	15.25
版　　次	2022 年 1 月第 1 版
印　　次	2022 年 1 月第 1 次印刷
书　　号	ISBN 978-7-5068-8391-7
定　　价	56.00 元

版权所有　翻印必究

前言

现代社会，健康理念深入人心。跑步运动开展简便，有益身心健康，因此成为很多人参与运动的首选项目。

清晨，迎着阳光，健身跑归来，精神饱满地拥抱美好的一天！

在风和日丽的日子里，约三五好友一起跑步，健身谈心，是多么美好的运动体验！

倘若天公不作美，或因时、因地调整跑步计划，或尝试挑战自我，也会收获一种难忘的跑步经历！

跑步让很多人为之着迷，也让很多人为之困惑。

在全身心享受跑步的同时，一些跑步运动者也正在面临着运动损伤的干扰和侵害。本书聚焦跑步运动损伤，为热爱跑步的你就运动损伤问题答疑解惑。

跟随本书，勇敢开跑，让我们科学面对跑步，正视跑步运动中可能产生的运动损伤，积极预防；与你携手，一路奔跑，面对跑步中的一些损伤困扰和损伤侵害，正确应对、科学处理；伤后再出发，砥砺前行，促进恢复，尽快摆脱运动损伤。坚持科学跑步，远离运动损伤，助你真正享受跑步、享受健康生活。

本书在系统围绕跑步运动损伤阐述的同时，特别设计了"奔跑驿站""健康贴士"版块，以更生动的方式呈现跑步损伤预防知识与方法，具有较强的可读性和实用指导性。

　　在撰写过程中，本书参考了中外学者的一些观点与相关资料，在此表示衷心的感谢。本书致力于给热爱跑步的人以最大的帮助，为跑步运动者保驾护航，让跑者远离运动损伤！

　　希望有更多的人能爱上跑步，科学参与跑步，也希望这本书成为热爱跑步的你的亲密"跑友"！

作者
2020 年 12 月

目录

第一章 跑步，你准备好了吗？

所有人都适合跑步吗？ /003

跑步一定会受伤吗？ /009

了解自己的身体 /013

工欲善其事，必先利其器——跑步装备 /019

预见损伤——跑步损伤风险评估 /023

第二章 科学跑步如何避免损伤？

跑前热身必不可少 /029

掌握正确的跑步姿势 /043

学习正确的跑步技术　／055

合格跑者应该避免的关于跑步的那些误区　／061

探秘跑步损伤背后的原因　／067

KCC 跑步法　／071

第三章　及时发现损伤的信号：疼痛

哪些部位最容易发生疼痛？　／077

跑步时感到疼痛就是受伤了吗？　／081

种子骨疼痛　／085

胫前疼痛　／091

腓肠肌疼痛　／095

耻骨疼痛　／097

中足疼痛　／099

脚踵疼痛　／101

第四章　初跑者经常遇到的伤病困扰

一些烦人的"小毛病"　／107

肌肉痉挛　／119

过度紧张　／127

擦伤　／131

运动性腹痛　／133

运动性高血压　／135

运动性低血糖　／139

岔气 / 143

中暑 / 147

出血与骨折 / 149

第五章　长期跑者常见下肢损伤

令人讨厌的各种炎症 / 157

足部损伤 / 167

踝部损伤 / 173

膝关节损伤 / 179

第六章　跑步引发的身体其他部位损伤

小腿损伤 / 187

髋部和骨盆损伤 / 195

其他部位损伤 / 201

第七章　跑步损伤后应该做的正确事情

必要的休息是正确的选择 / 211

伤后康复训练 / 221

伤后不怕，康复训练帮你恢复 / 223

聪明跑者远离损伤的跑步计划制订 / 229

参考文献 / 233

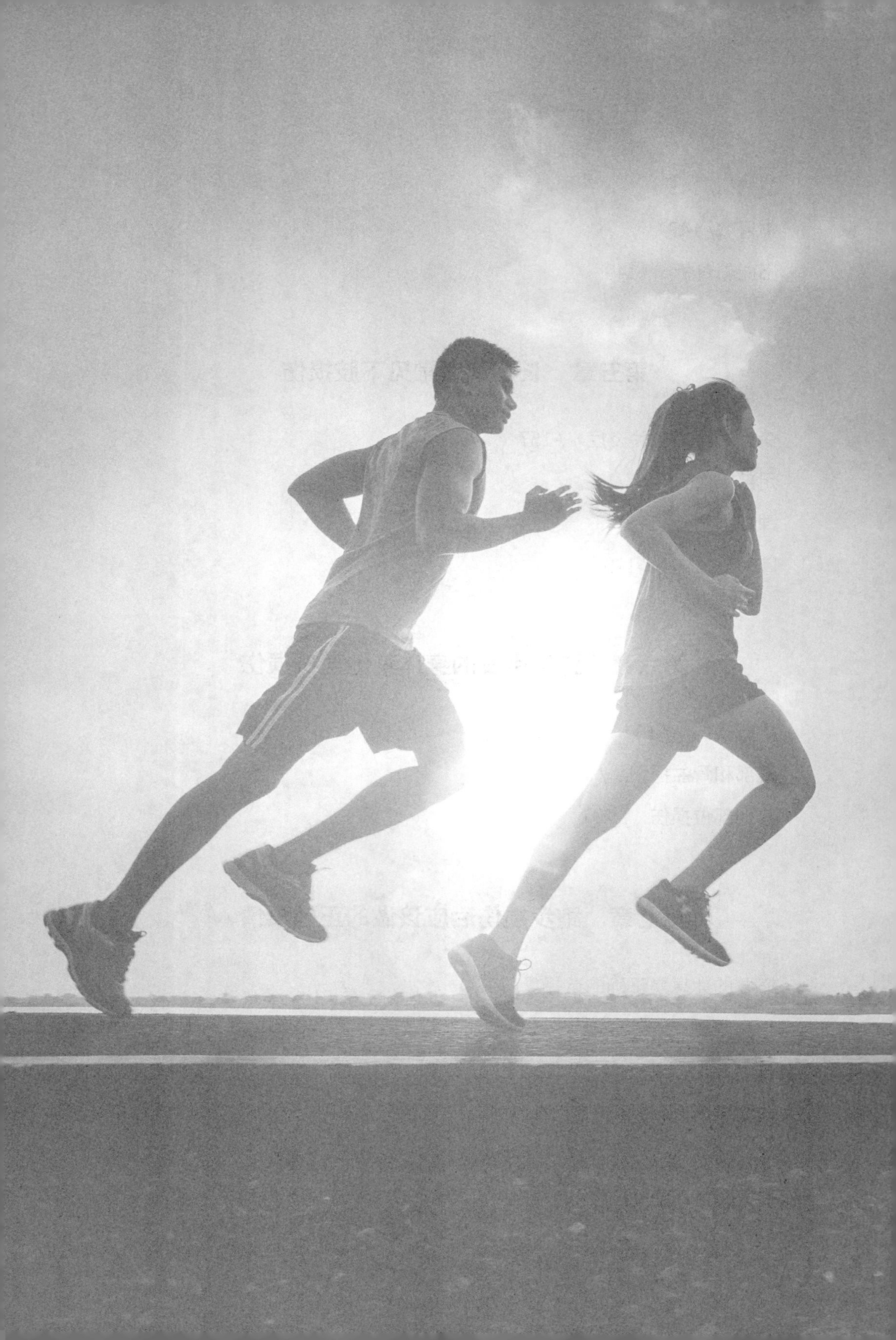

CHAPTER 1

第 一 章

跑步，
你准备好了吗？

"读万卷书，不如行万里路"，
"千里之行，始于足下"。
当你想跑步时，你一定知道跑步的百般益处。
那么，你是否了解自己的身体？
你真的准备好开始跑步了吗？

所有人都适合跑步吗？

跑步热潮的到来

跑步健身是近年来非常流行的健身方式，无论是国家全民健康发展政策的鼓励，还是朋友圈里每天坚持打卡的跑步发烧友，都让你感受到跑步热潮的到来，而且这种跑步热情一直在不断高涨。

江边晨跑者

科学跑步：健身跑如何远离运动损伤

越来越多的人开始参与跑步并爱上跑步。

你身边有没有这样的"先行者"，他们从室内跑向户外，从普通跑者成为专业跑者，有的人甚至从一个从来不健身的人成长为一个马拉松业余跑者。

在现代社会，跑步正作为一种健康生活方式，融入更多人的生活中。

健身房里跑步健身的人们

奔跑驿站

科学跑步，益处多多

科学跑步，能让你收获健康的身体与心灵，科学跑步有诸多益处，这里重点介绍以下几种。

- **跑步可强健心脏**

经常跑步，可以提高心脏的工作能力，让心脏变得更加强壮，有助于提高心脏的工作效率、延长心脏寿命。经常跑步者比不跑步者的心脏跳动频率要慢，这是因为跑者心脏更强健，每次跳动可以为身体输送更多的血氧。

- **跑步可促进发育**

跑步能促进骨骼生长，增加骨密度，让骨骼更加强健，还有助于骨骼的纵向生长，促进身高增长。

- **跑步可促进社交**

有很多人会相约一起跑步，相同的跑步爱好能让你结识更多的跑友，拓展自己的交际圈。

一些跑步顾虑

尽管跑步有诸多益处，但仍然有很多人对跑步采取保守的态度。

并非所有人都能从决定参与跑步起就马上开始行动，有不少人对跑步存在着很多这样或者那样的顾虑。

如果你关注跑步，下面这些事情你或许听过。

一个平时身体健康状况良好，有运动习惯和经验的人，在日常再平常不过的跑步健身中突然晕倒在地。

一名优秀的跑步运动员，赢得过有很多荣誉，却忍受着很多运动损伤带来的病痛。

类似信息的多次出现，让很多人对跑步望而却步。这些信息也传达了这样的健康跑步信息：一是科学跑步很重要；二是并非所有人都适合跑步。

哪些人不适合跑步？

跑步可以强身健体，可以燃脂瘦身，可以增强心肺功能，可以愉悦身心……跑步有如此多的益处，自然人人都想尝试跑步。

但是，所有人都适合跑步吗？并不是。

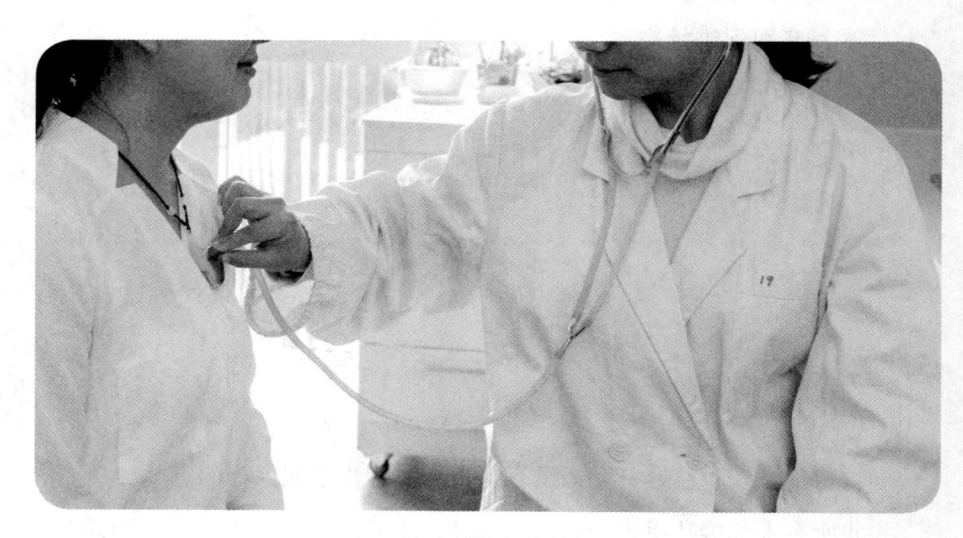

跑步前进行体检

第一章 跑步，你准备好了吗？

那么，究竟哪些人不适合跑步呢？如果你属于以下人群或存在以下几种情况中的一种，建议你暂时不要参与跑步，尤其是长时间、剧烈跑步。请先去医院接受专业医师的检查再决定是否参与跑步。

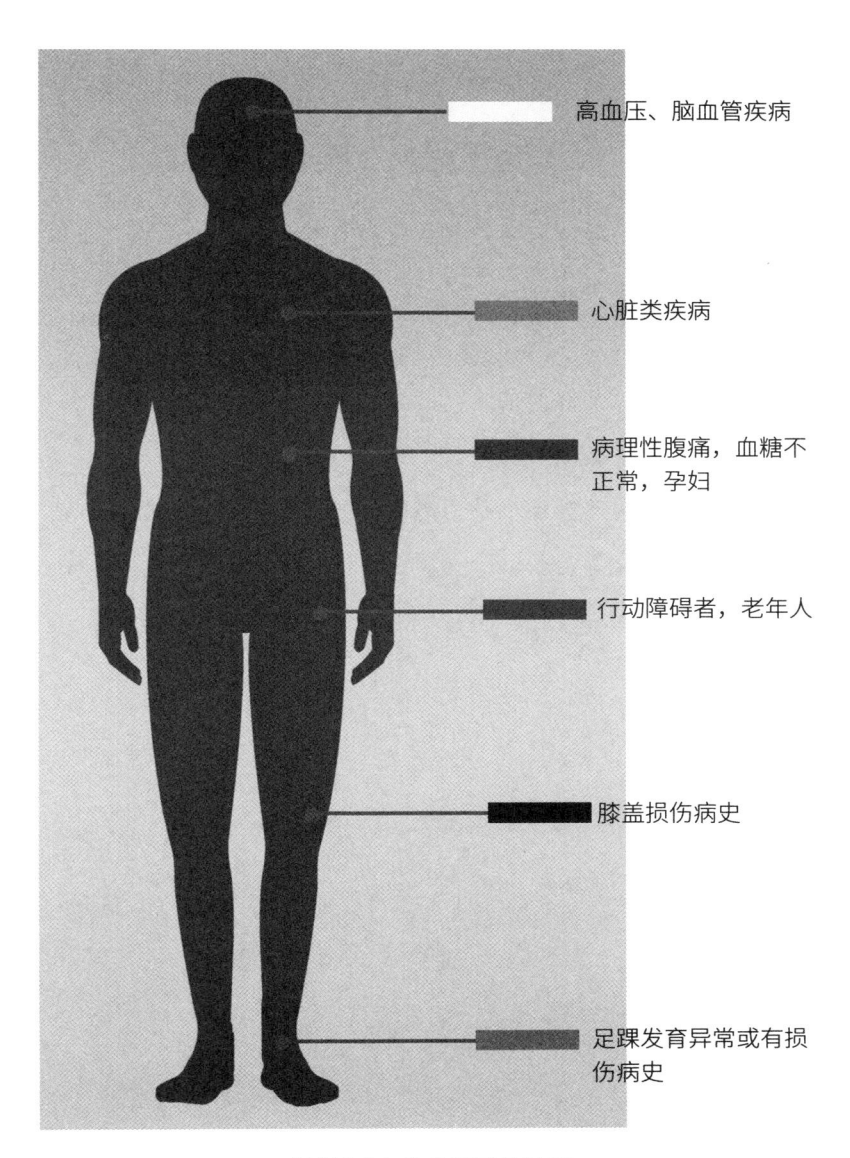

- 高血压、脑血管疾病
- 心脏类疾病
- 病理性腹痛，血糖不正常，孕妇
- 行动障碍者，老年人
- 膝盖损伤病史
- 足踝发育异常或有损伤病史

应谨慎参加跑步运动的特征

科学跑步：健身跑如何远离运动损伤

一般来说，如果你下决心要开始跑步，那么你应该接受专业医生的检查，并听从相关建议，不要贸然开跑。

健康贴士

健康跑步自检

如果不想去医院，参加跑步前可以进行自检，若有以下情况中的一种或几种，则不建议参加跑步。

- 有先天性的心脏类疾病。
- 家族中有心脏疾病猝死的人。
- 经常感到胸闷、胸痛、气短。
- 夜晚睡觉会因为呼吸不顺畅而憋醒，醒后症状有所缓解。
- 近期有感冒发烧等症状。

跑步一定会受伤吗？

那些认为跑步绝对不会受伤和谈跑步色变的人，都是对跑步损伤认知不够。实际上，大量的研究以及无数跑者的实际经验告诉我们，跑步并不一定会受伤。

跑步损伤中膝盖伤多发，但跑步并非受伤根源

你或许听说过关于跑步损伤的"忠告",如"十跑九伤""跑步非常伤膝盖"等。

一些数据表明,跑步运动员们受伤的概率要比不参加跑步的人受伤的概率大很多。与普通人相比,运动员的身体无疑更加强壮,他们也更懂得如何更好地参与跑步,但为什么他们的受伤率反而会更高?

实际上,运动员更容易发生运动损伤,与他们在运动中过度使用关节、肌肉有着密不可分的关系。将关注的人群范围扩大,你会发现,健身跑步者与久坐不动者相比,关节损伤概率要低很多[参考《骨科与运动物理治疗》(Journal of Orthspaedics & Sports Physical Therapy,JOSPT),2017,"跑步与关节炎"研究报告]。这充分说明,健身跑步并非运动损伤的"罪魁祸首"。

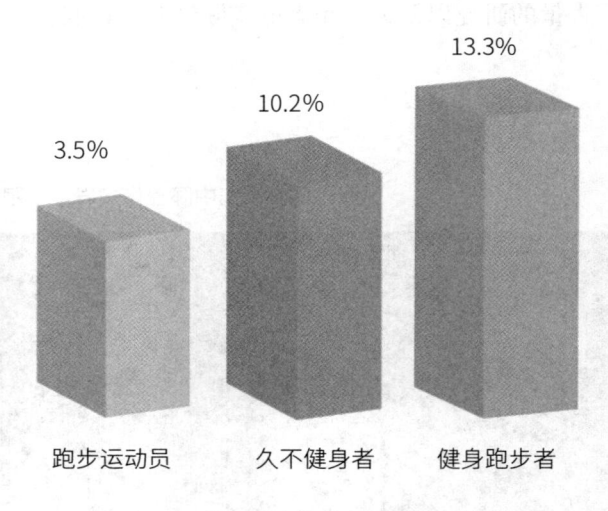

跑步运动员 3.5%　　久不健身者 10.2%　　健身跑步者 13.3%

不同人群关节损伤概率

因此,跑步并非一定会受伤,你要做的就是科学参与跑步,避免不必要的损伤发生,并且一旦发生损伤,应科学正确应对与处理。

健康贴士

过度使用身体会导致损伤

我们的人体有自我修复功能，当身体发生一些小的损伤时，即使不使用医学方法干预，如小的划伤、磕碰淤青伤、劳损等，经过合理的休养，我们的身体也可以实现自我修复。

但是，如果长期过度使用器官、关节、组织，导致身体严重损伤，这时损伤情况将超出机体自我修复能力范围，就会导致我们的身体发生病变。因此，不仅仅是参加跑步，参与任何活动，都要学会合理、科学地使用我们的身体，以确保身体健康。

科学跑步

健身跑如何远离运动损伤

了解自己的身体

作为一个跑者,你必须要了解自己的身体,这是科学跑步的重要前提和基础。

如果不能充分了解自己的身体,那么在参与跑步运动时,过高或过低地评估了自己的身体运动能力,都不能获得良好的跑步效果,而且运动不当还有可能引发不必要的损伤。

了解自己的身体素质和身体特征

◆ 良好的身体素质为跑步助力

你有没有思考过这样一个问题:为什么有人能坚持并擅长进行长距离的跑步,有些人更适合短跑冲刺?

参与健身跑前,应充分了解你的身体素质情况,良好的身体素质能为你参与跑步运动提供有力的支持。

了解自己的身体素质,能让你更有针对性地结合健身跑去提升自己的一项或几项身体素质,能让你跑得更轻松。

科学跑步：健身跑如何远离运动损伤

良好的身体素质让跑步更轻快

那么，什么样的身体素质特征更适合跑步呢？如果身体素质水平并不理想，是不是就不能参加跑步呢？

一个优秀的跑者，其身体素质应具备以下特征。

短跑：
　　强大的爆发力、良好的速度素质、一定的灵敏素质与柔韧素质。

长跑：
　　较强的耐力素质、良好的爆发力、良好的速度素质。

不同跑步类型所需的身体素质特征

如果你的"先天条件"没那么好，身体素质一般、运动能力一般，面对跑步时也不要灰心，身体素质虽然在一定程度上受遗传影响，但是通过后天的努力是可以改善的，而且通过参与健身跑，可以有效地提高你的身体素质水平。

◆ **优秀跑者的身体特征**

如果你仔细观察，就会发现，很多优秀的跑者大都具有相同的体型特征：体型偏瘦、腿部修长。这是巧合吗？

长跑者，身材普遍偏瘦

科学跑步：健身跑如何远离运动损伤

不同的运动项目对运动者的身体素质和形体要求不同，一定的体型特征会在从事某些运动项目时具有一定的优势，而且运动本身也有一定的塑造形体的作用。

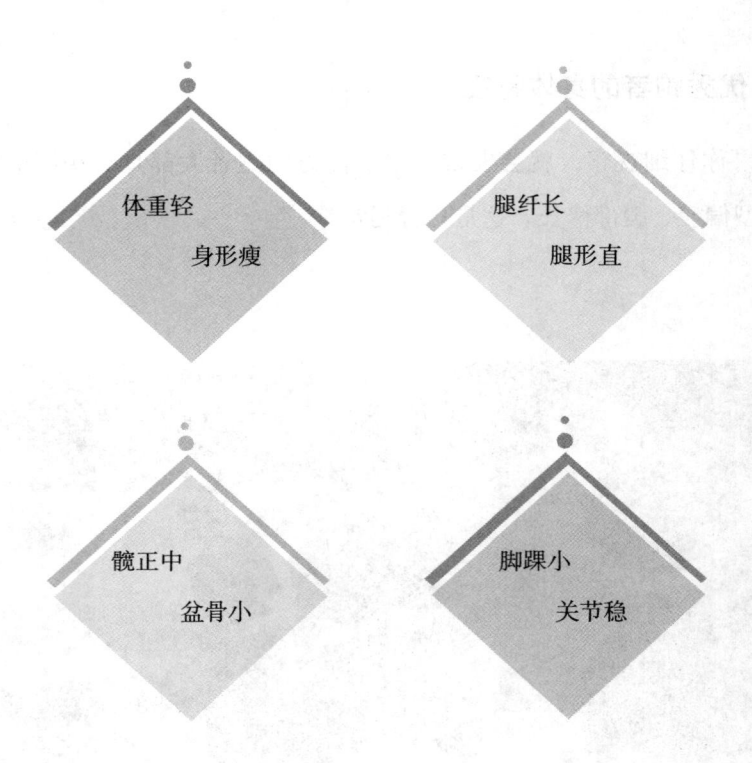

体重轻　身形瘦

腿纤长　腿形直

髋正中　盆骨小

脚踝小　关节稳

跑步者的一般身体特征

健身跑，不是竞技运动，对运动参与者的速度、爆发力并没有严格的要求，它是有氧运动，有助于燃脂减脂。长期坚持科学跑步，有助于消耗腹部、腿部多余的脂肪消耗，从而让腹部更平坦，双腿更修长。

因此，不必羡慕那些体型修长的人，坚持科学跑步，持之以恒，你也能改善自己的身材。

> **健康贴士**
>
> ### 重要的身体保障
>
> 身体素质是人体从事各种体育运动的重要基础。身体素质为科学健身跑提供身体保障，健身跑又反过来促进身体素质发展。
>
> 了解自己的身体是参与健身跑的重要前提，跑者应了解自己的身体素质发育和发展水平，也应对自己的身体健康状况有充分的了解，在正式开始健身跑前，应明确自己没有不适合参与跑步的相关病理因素。

做好跑步的心理准备

参与健身跑，不仅要做好身体准备，充分了解身体状况，还应该做好心理准备。

或许会有人不解："不就是跑步嘛，又不是做很危险的事，还需要做心理准备？跑就是了。"如果你这样想，说明你还没有真正了解跑步。

先来看如下几个问题，你是不是能给出明确肯定的回答。

科学跑步：健身跑如何远离运动损伤

你能接受参与跑步初期可能产生的肌肉酸痛和其他不适吗？

你能坚持每天跑步至少20分钟吗？即便是风雨天气，也能坚持？

你能接受跑步一段时间后，身体变化与预期不同的失落吗？

跑步可能会引发运动损伤，你有心理准备吗？

跑步中发生运动损伤，你知道该怎样处理吗？

健身跑前的几个小问题

健身跑，需要长期坚持，需要科学训练。跑步期间可能遇到各种各样的问题，面对这些可能出现的问题时，你要有充分的心理准备。

018

工欲善其事，必先利其器——跑步装备

选择一双舒适的跑鞋

参与健身跑，怎么能少得了一双好鞋呢？跑鞋的"好"应体现在舒适、跟脚、透气、轻便等方面。

轻便　　透气　　跟脚

矫正　　减震

优秀跑鞋的特质

科学跑步：健身跑如何远离运动损伤

跑步前，一定要选择一双合适舒服的鞋子，这样就能有效预防跑步对足部的损伤。那么跑鞋到底怎样选呢？

为了跑步时更加轻松，一般选择前脚掌部分比较柔软的鞋子。

为了避免指甲与鞋子碰撞出血，可以选择鞋头高且圆、尺寸稍大、鞋面舒适贴脚的鞋子。

有脚气的人应选择透气性好的鞋子。

选择跑鞋并不是一件简单的事，你可以咨询有跑步经验的朋友，或者听取跑鞋店店员、跑步教练的建议。

带着一双旧跑鞋去选择新跑鞋是非常不错的做法，专业的跑者和跑鞋导购员能从旧鞋的磨损上判断出你的跑步习惯，从而为你推荐更适合的跑鞋，让你的足部在跑步时有更好的着力点。此外，选择正确的跑鞋还有助于矫正你的不良跑步姿势。

奔跑驿站

跑鞋的大小如何选择？

拥有一双大小合适的跑鞋，能让你跑起来更轻便，而且可以避免因脚下不稳而引发的跌倒摔伤等不必要的运动损伤。

在选购跑鞋时，建议你先量一下自己的脚长，跑鞋大小的选择可以参考"脚长＋1厘米＝鞋内长"的公式去选择。这样选出来的鞋子不至于太大、不跟脚，同时又能让脚在鞋内有足够的活动空间。

不可忽视的运动服选择

参与健身跑，怎么能没有一身炫酷的运动"战袍"呢？那么，如何给自己挑选一身养眼又舒服的运动服呢？

在选择运动服时，首先应该明确我们对运动服的需求，然后再结合自己的喜好选择喜欢的款式和颜色。

运动服应轻便、透气，对于初跑者，建议选择棉质的运动服。

很多跑者在参加健身跑时，喜欢穿宽松的运动服，在这里需要特别提醒的一点是，运动服的选择要"宽松有度"。运动服的宽松程度应方便肢体活动、以不"拖泥带水"影响跑速为佳。

运动服避免：	运动服适宜：
过于宽松	宽松适度
过于紧身	贴身但不紧身
没有弹性	有弹性
腋窝下剪裁过窄	透气
穿得太厚	不摩擦皮肤
有过多的装饰	简约实用

健身跑运动服的选择

随着健身跑的广泛流行，越来越多的人开始参与跑步，并尝试和挑战在不同的季节与天气里跑步。在特殊天气中的健身跑，让跑者对运动服有了更多新的需求，由此功能性运动服应运而生。

功能性运动服是在特殊条件下参与运动的服装，因具有特殊的功能而受到一些有特殊运动需求的人的喜爱。

例如，在寒冷的下雪天，如果想要在户外进行健身跑，应该选择什么样的运动服呢？防水、保暖、轻便的功能性运动服可以满足你的需求，它可以帮助你在下雪的天气也能享受跑步的乐趣。

再如，在雨天，穿着具有防水功能的运动服进行健身跑，能让你避免被淋成"落汤鸡"。

另外，对于女性来说，运动文胸的选择也是非常重要的，好的运动文胸可以帮助女性跑者更舒适地跑步，同时不至于损伤身体健康。建议女性健身跑爱好者去专业的运动商店挑选运动文胸。

运动服的选择非常重要，选择一身合适的运动服，可以让你更加自由、舒适和安全地享受健身跑！

预见损伤——跑步损伤风险评估

健身跑如何最大限度地远离运动损伤呢？做好运动损伤预防非常重要，在参与健身跑前，除了做好身体检查、了解自己的身心发展状况、购置运动装备之外，还应进行自我损伤风险评估，做好损伤预防。

这里对跑步运动损伤影响因素进行整理汇总，制作成下表（表1-1），通过检测评分，可以帮助你提前预见损伤，进而做好损伤预防。

参与表1-1的小测试，并记录、计算所选选项的总分，分数越高，说明参与健身跑发生运动损伤的概率会越大。分值≥22分的测试者请咨询专业医师的建议。

表 1–1　跑步运动损伤风险评估

姓名：		性别：			
评估问题		2	1	0	记录所选选项对应数字
年龄（岁）		≥50	30～50	≤30	
跑步多久了（月）		≤3	4～11	≥12	
运动损伤史（时间）		半年内	一年内	没有	
运动损伤程度		重伤	轻微伤	没有	
每周跑步频率（次）		1	2～5	≥5	
每周跑步距离是（千米）		≤10	10～50	≥50	
每周增加跑步距离（千米）		≤5	10～15	≥15	
跑前热身时间（分钟）		≤1	2～5	5～10	
你有扁平足吗？		重度	轻度	没有	
你有 X 型腿吗？		重度	轻度	没有	
你有 O 型腿吗？		重度	轻度	没有	
你两腿长差距是多少？（厘米）		≥0.6	0.3～0.6	≤0.3	
你的肺活量大吗？		小	一般	大	
你腿部柔韧性好吗？		不好	一般	好	
你的爆发力好吗？		不好	一般	好	
总分合计					计算所选数字总和

（表内容参考罗炜樑，《科学跑步：跑步损伤的预防与健康指南》，2019 年）

　　健身跑要远离损伤，提前预见损伤是非常有必要的。

　　在参与健身跑之前，如果能对自己的身体实际情况有一个系统和充分的了解，那么你将会在正式参与健身跑的过程中有效避免自己可能要面对的跑步运动损伤风险。如有必要，应在专业跑步教练和专业医师的陪同或建议下科学开展健身跑活动。

预见损伤，并非畏惧损伤、谨小慎微，而是为了更安全地参与健身跑，更没有负担地享受奔跑的乐趣。

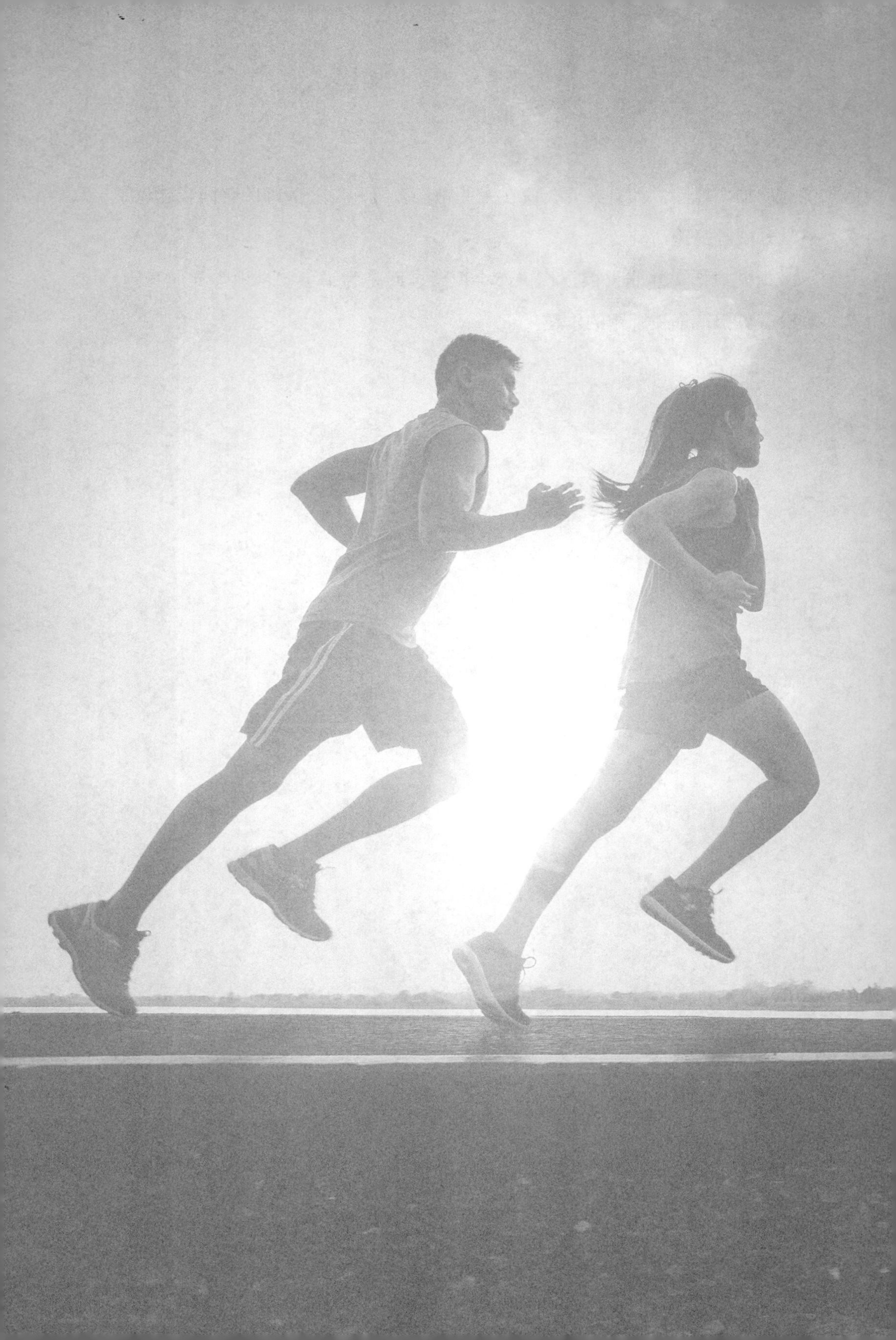

CHAPTER 2

第 二 章

科学跑步如何避免损伤？

当你下决心要参与健身跑时，肯定已经知道了科学健身跑对我们身体的诸多益处。

当你奔跑时，你能感受到跑步带给你的畅快淋漓的舒适感、自由感；奔跑时的样子，更给周围的人一种青春、富有活力的动感。

但是，跑步不是只跑起来就行，你必须掌握科学的跑步方法，避免自己在跑步中发生损伤。损伤不仅会让你美好的跑步体验迅速被破坏掉，还会影响你的身体健康，因此必须重视它，并学会积极应对它。

跑前热身必不可少

跑前热身益处多多

健身跑，可不是心血来潮到小区楼下或附近公园跑上一圈，健身跑需要科学的准备与科学的参与。

在正式参与健身跑前，热身是必不可少的。

热身可以帮你的身体渐渐活跃起来，能从静止状态顺利过渡到运动状态，让你的健身跑体验更加顺其自然、舒适流畅，所以一定不能忽视跑前热身，它的好处可是非常多的。

> 提前使体温升高，预防跑步中的肌肉拉伤。

> 唤醒机体，为身体适应跑步运动状态做好充足的准备。

- 调节心肺状态，为开跑做准备。
- 血液循环畅通，做好跑步的准备。
- 活跃肌肉，活跃神经系统，确保跑时的速度。
- 降低岔气等运动性伤病发生的概率。
- 检验身体散热机制，提前适应天气和场地。
- 促使分泌关节滑液，避免关节在跑步中的僵硬和疼痛。

跑前预热的好处

在这里需要特别提醒你的是，跑前的热身活动应合理控制好时间，热身时间并不是越长就越好，最好控制在10~20分钟之间。

> **奔跑驿站**
>
> *良好的热身，不妨从慢跑开始*
>
> 如果你是个善于问询和听取朋友建议的人，你一定会关注和听到很多给初跑者的建议，那就是，跑步前的热身不妨从慢跑开始，慢跑后再做一些拉伸练习。
>
> 在没有开始跑之前，你的身体处于一个相对比较僵硬或反应迟缓的状态，慢跑热身可以让你的身体发热，能更好地向跑步过渡。

另外，预热活动也要根据气温的高低加以调整。如冬天气温很低，跑步者可以慢跑 5~10 分钟以提高体温，这是一种舒展肌肉和加速血液循环的很好的方法，最重要的是能让身体提前发热；如夏天气温很高，跑步者则可以适当缩短跑前热身的时间。

适当拉伸

跑前的适当拉伸，能让你的身体"舒展"开来，让身体可以更积极地投入到接下来的跑步运动中。当然，跑后的拉伸也同样重要。

科学跑步：健身跑如何远离运动损伤

跑前的热身活动

有经验的跑者会告诉你，拉伸做得是否到位决定着跑步者在跑步过程中发生跑步损伤的概率，因此拉伸是非常重要的。

将身体慢慢打开，向远处不断伸展，以尽力但不产生疼痛为宜。

保持身体平衡，要有一种掌控身体各部分的感觉。

> 调整拉伸角度，肌肉紧绷、动作标准，保持拉伸动作数秒。

> 每个拉伸动作重复2~3次后再做下一个动作，不要敷衍了事。

跑前拉伸的要领

健康贴士

不宜过度拉伸

拉伸对跑前热身和跑后舒展放松都很重要，但跑步者要注意，当遇到以下情况时，要注意拉伸的力度。

- 如果膝盖或跟腱部位有疼痛感，不要勉强做弯曲拉伸。
- 当肌肉有轻微疼痛时，应小心完成拉伸训练。
- 不宜过度拉伸，以免肌肉变得过度紧绷。
- 大强度的跑步或马拉松比赛后，如果感到肌肉严重疼痛，不要贸然拉伸，可以散散步、泡个澡缓解疼痛，如果疼痛没有缓解或疼痛严重，就应该及时寻求专业医生的帮助。

◆ 肩部拉伸

初次听到健身跑前后需要肩部拉伸时，很多初跑者会不理解，"健身跑是用腿跑步，为什么要拉伸肩部？"你是不是也这样认为呢？

如果你认为，拉伸肩部对跑步这项运动不会有太大作用，那你可就错了。尽管对于跑步来说，肩部不是最直接用力的身体部位，但在跑步的过程中，离不开肩部的摆动。健身跑，是在手臂配合腿部摆动的共同协调动作下完成的，跑前对肩部肌肉进行拉伸是非常必要的。

> 两肩放松，自然下垂，接着要尽量上耸，停留几秒，落下，重复刚才的动作。

> 一只手从身后抓住另一只手的手臂，用力拉，挺胸，展臂，夹背，然后放松，多次重复此动作，然后交换两手动作。

> 两手交叉互握伸向头顶，掌心朝上，尽量向后伸展，停留几秒。

第二章　科学跑步如何避免损伤？

> 一只手臂向上伸直，然后前臂朝脑后弯曲，放松，用对侧手从脑后抓住其肘部，向对侧慢慢拉动，停留几秒。

肩部拉伸的方法

肩部拉伸动作

◆ 腰部拉伸

腰部肌肉对于跑步这项运动来说是非常重要的，它控制着跑步者上身与下身的发力、扭转等动作，所以腰部肌肉的拉伸也很关键。

那么，腰部肌肉要如何做拉伸训练呢？体前屈是一个非常简单和易操作的方法。

035

体前屈的具体做法是，两脚分开，与肩同宽，自然站立。然后，跑步者的身体慢慢向前屈，双手下垂到脚尖，停留几秒，恢复最初动作。反复做这一动作。

当然，你也可以进行体侧屈、转腰，以及结合腿部伸展的单脚支撑体前（侧）屈压腿等练习来拉伸腰部肌肉。

腰部肌肉拉伸

◆ 腿部拉伸

大腿应该是跑步时最容易发生运动损伤的部位，所以应该重视，认真做好跑前的拉伸。

以大腿前侧肌肉的拉伸为例，跑步者身体保持平衡或手扶固定物，右脚站立，左手抓住左脚的脚背，尽可能地撑靠身体，直到无法再撑，停留几秒，收回。换另一只手和脚重复此动作。

大腿前侧肌肉的拉伸动作

与大腿前侧肌肉一样，大腿后部肌肉的拉伸也是非常必要的。拉伸时，可以尝试坐在地上，将要拉伸的腿朝身体前方伸直，另一条腿弯曲，腿外侧紧贴地面，并与伸直的另一条腿组成一个三角形，背部挺直，以臀部为界限尽可能前屈，两手尽可能抓住伸直腿的脚尖，动作要缓慢，这一姿势要保持一定时间。

腿部拉伸的方法有很多种，跑步者可以结合自己的喜好和需求选择相应的方法来拉伸自己的腿部。

第二章 科学跑步如何避免损伤？

科学跑步：健身跑如何远离运动损伤

腿部拉伸

◆ **脚跟与脚趾拉伸**

脚部的肌肉分布密集，其柔韧程度影响着你在健身跑时的爆发力、持久力。因此，在跑前可适当拉伸、活跃该部位，这样能让你跑得更轻松，而且可以有效避免脚部运动性损伤。

拉伸时，可以尝试跪在地上，臀部紧贴两脚脚跟，上身直立，逐渐向下给踝关节压力直至感觉趾伸肌与脚前掌的拉力已经足够，然后抬起臀部，并重复这一动作。

需要特别提醒的是，拉伸的动作要缓慢、有节奏，切忌用力过猛。

奔跑驿站

跑前热身与跑步的有序衔接

参与跑步时，跑前热身是为接下来更好地跑步做准备的，因此热身和正式跑步要有序衔接，一定不要间隔时间太长。

当你做完一系列热身动作后，身体会有发热、稍微有些出汗的感觉，这时不要着急休息缓解，尽量不要让身体休息的时间超过30秒。因为如果热身之后休息太长时间会让原本活跃的身体再次回归到平静状态，那么热身的效果就会降低。

如果和朋友一起相约跑步，一定要约定好跑步的时间，并准时到达健身地点。如果提前到达，可以等朋友来了一起热身，如果朋友因为一些事情耽误了，你在热身之后朋友还没有到来，可以先跑起来，相信朋友很快就能与你会合。

科学跑步

健身跑如何远离运动损伤

掌握正确的跑步姿势

正确跑步姿势的重要性

虽然走路、跑步对初跑者来说是一件很平常的事儿,但是"走出健康、跑出水平"才是健身走跑的正确目标。

- 影响跑步的呼吸节奏
- 徒增无用功,增加体力消耗
- 影响正常的体态、姿态
- 引发不必要的运动损伤

跑步姿势错误的危害

科学跑步：健身跑如何远离运动损伤

当你已经坚持跑步几个月了，可在跑起来时还是会感到身体疲惫、呼吸沉重，这可能就是由于跑步姿势不对造成的。

与其在跑步过程中遇到跑步姿势不正确的问题，我们不妨在刚开始参与健身跑时，就掌握正确的跑步姿势和动作，这样不仅能让你跑得更平稳、快速、轻松，还能帮你避免不必要的跑步运动损伤。

错误的跑步姿势，可能会使跑步者在跑步过程中感到呼吸窘迫，影响跑步的节奏，甚至会带来各种损伤。

跑步的基本姿势

◆ 头颈姿势

当你在跑步时，头颈部要保持自然伸直，目视前方4~6米的地方。

一些跑友在跑步时，会习惯性地俯视或仰视，进而造成头部前倾或后仰，这样的头部姿势是不正确的。

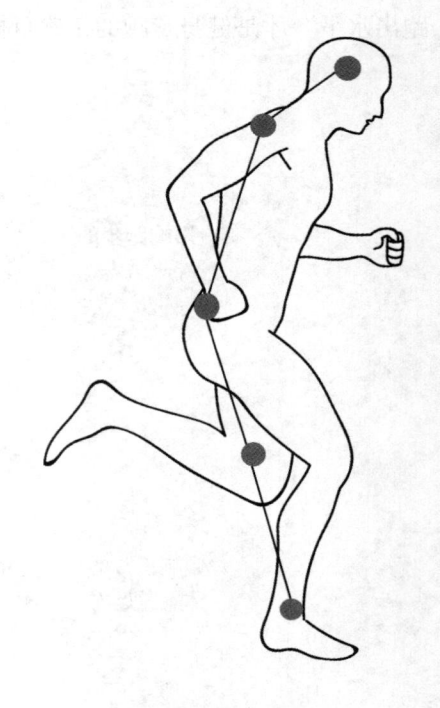

错误跑步姿势

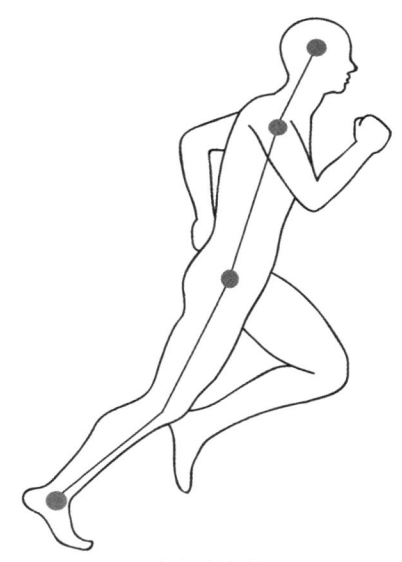

第二章　科学跑步如何避免损伤？

正确跑步姿势

正确跑步姿势展示

科学跑步：健身跑如何远离运动损伤

如果跑步时颈部肌肉前倾，这样的姿势不仅会影响你的跑速，也会让你的颈部肌肉疲劳、酸痛，而且还可能让你不自然地形成含胸驼背的姿势，影响正常的呼吸。

◆ **肩部与背部姿势**

健身跑时，正确的肩与背的姿势是怎样的呢？

正确的跑步姿势要求跑步时尽量让背部挺直，肩部放松，可以通过"保持肩部始终位于耳朵之后"来确保自己的双肩在跑步时处于一个平衡的位置和状态。

双肩平衡

背部挺直

跑步时保持肩部放松与背部挺直

跑步时如果肩部和背部的肌肉状态不正确很容易出现疲劳。例如，肩部肌肉过于绷紧，可能导致肩部的疲劳；而背部肌肉过于放松，则可能导致含胸驼背，影响优美体态，也会过早疲劳。

如果过于放松背部肌肉或处于保持含胸状态，就很容易在刚跑没多久就觉得身体酸痛，还对双臂的摆动产生不良影响。

- 影响正常的体态、姿态
- 导致过早的身体疲劳
- 影响双臂摆动
- 影响跑步速度

跑步时肩与背姿势错误的危害

科学跑步：健身跑如何远离运动损伤

跑步过程中，当感到肩膀或后背疼痛时，可以停下来稍作调整，尝试将双手自然下垂并甩动几次，释放肌肉张力，从而让肩部和背部得到放松。

◆ **双臂姿势**

你在健身跑中，有没有留意过自己的摆臂姿势？你觉得摆臂姿势会影响你的跑步姿势和跑步速度吗？

健身跑时，正确的摆臂对跑步有重要的辅助作用，双臂与双腿协调配合摆动，可以促使你不断向前奔跑，让你跑得轻松、跑得优雅。

两手在胸部和腰部之间摆动

屈肘90°

肘部向后　　手掌半握拳

健身跑中正确的摆臂姿势

◆ 腰腹姿势

在跑步过程中，跑步者要稍微收腹，以使腰背挺直。跑步者要注意不能让骨盆过于前倾或者后倾。

特别需要注意的是，跑步时，要注意摆正盆骨的位置，不能过度前倾、后仰或倾斜，否则，会对腰部肌肉造成压迫，很有可能会让你在跑步很短一段时间内就出现疲劳和腰部疼痛。

跑步时保持腹部微收、腰背正直，上体避免过度前倾或后仰

◆ 腿部姿势

健身跑时，你更喜欢大步向前，还是小步腾挪？你跑步时是如何摆腿的？你有没有观察过其他跑友跑步时腿部的姿态？你觉得哪种摆腿姿势更优美、更有助于远离运动损伤？

跑步时，要学会控制自己的双腿和膝盖，摆腿时，不要太往前伸腿。正确的腿部姿势可以帮助你有效减轻跑步给膝盖、脚踝、脚跟等部位带来的冲击力，能大大降低你双腿和膝盖损伤的风险。

双腿呈现 S 型

膝盖稍微抬起

跑步时正确的腿部姿势

你必须要始终明确的一点是，健身跑步不是百米冲刺，更多地需要身体保持良好的持久力，因此如果在跑步时，将膝盖抬得太高，容易很快耗尽自己的能量，失去继续跑的耐力。

　　当然，如果你有着多年的跑步经验，已经习惯了膝盖的抬起高度，并且跑步姿势不会影响跑速、身体平衡和造成膝盖损伤，那么你完全可以按照自己感觉舒服的跑步姿势继续跑下去。

◆ 脚部姿势

　　奔跑、向前，健身跑中的每一步，都需要你的一只脚短暂支撑身体，接受来自身体与地面的冲击。良好的脚部跑步姿势能有效缓解外在的冲击力，从而减少脚部损伤概率，并保持身体的平衡。

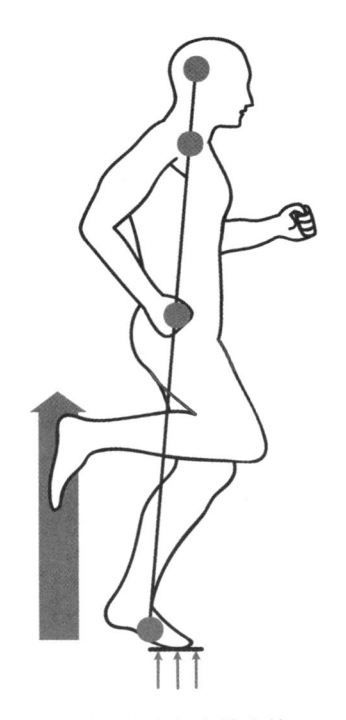

错误的脚部支撑姿势

科学跑步：健身跑如何远离运动损伤

正确的脚部支撑姿势

保持脚部平稳支撑身体，后脚弧线向后摆动

正确的脚部支撑让你的奔跑更加平稳

052

总之，不管你是初跑者还是有多年跑步经验的老手，都应该关注和重视自己的跑步姿势是否正确，如果跑步姿势不对，很容易造成跑步中的一些损伤的多发。掌握科学的跑步姿势是非常重要和必要的，请你一定要重视它。

科学跑步

健身跑如何远离运动损伤

学习正确的跑步技术

别让你的跑步成为徒劳

不管你是为了强身健体,还是减肥塑型,掌握正确的跑步技术都是非常必要的。假如你毫无技巧地乱跑,不但无法达到参与跑步的目的,反而可能会给你的身体带来损伤。

如果你是一位初跑者,建议你认真学习跑步技术,别让你的跑步成为一种徒劳。

健身跑重点技术动作

健身跑,主要依靠下肢完成跑步动作,这里我们就重点了解下健身跑的转换支撑、蹬地腾空、摆腿等关键技术动作。

◆ 转换支撑

转换支撑是跑步的基础技术动作之一，良好的转换与支撑能让身体在健身跑的过程中始终保持平衡，避免摔倒。

拉起支撑脚

腾空脚自由落下

转换支撑技术动作的要领

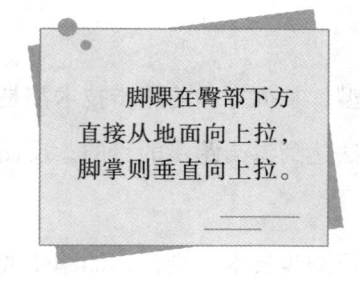

脚踝在臀部下方直接从地面向上拉，脚掌则垂直向上拉。

上拉过程中，脚掌不要落在肩膀与臀部的垂线后。

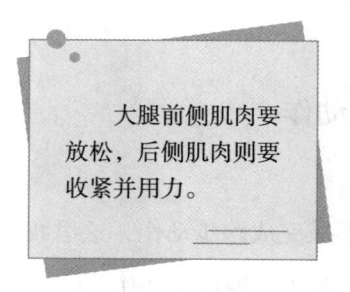

大腿前侧肌肉要放松，后侧肌肉则要收紧并用力。

转换支撑技术动作的注意事项

转换支撑技术动作的学习可以从两个方面入手，一种是原地转换支撑，另一种是转换支撑同时前进。

原地转换支撑：
以四组为一个回合展开，即前两组每隔三秒转换一次，后两组每隔一秒转换一次，每组的持续时间为30秒。

转换支撑同时前进：
可每隔三秒进行一次转换，脚掌落地后就恢复基础跑姿，保持身体平衡，再完成另一次转换。

转换支撑技术动作的练习方法

◆ 蹬地腾空

只有不断地蹬地腾空，身体才能不断向前奔跑。在健身跑过程中，双脚蹬地、腾空摆腿的频率决定着跑步的速度与节奏。

要想掌握好蹬地腾空的技术节奏，可以采取"小马踮步"的练习来不断熟悉该技术动作。

"小马踮步"，顾名思义，就是像小马一样不断踮步小跑，你可以从易到难进行练习。

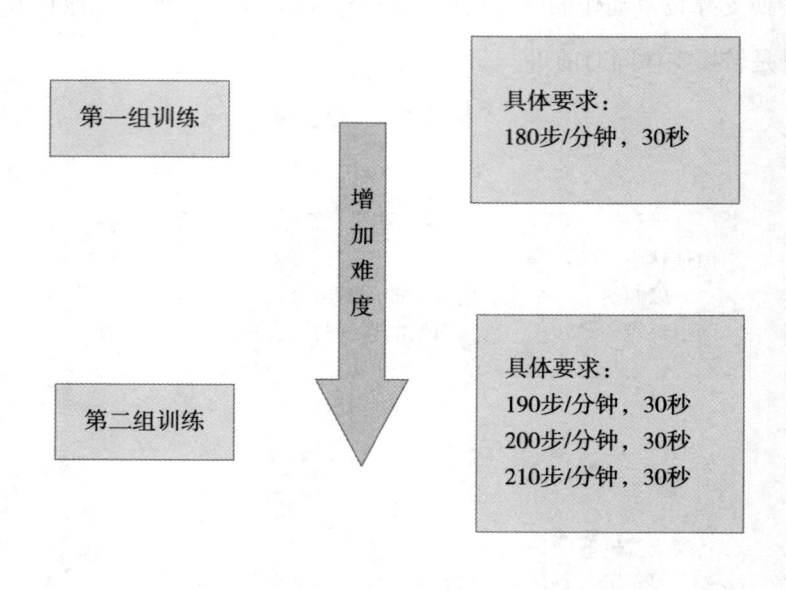

科学跑步：健身跑如何远离运动损伤

```
第一组训练              具体要求：
                        180步/分钟，30秒

         增
         加
         难
         度

第二组训练              具体要求：
                        190步/分钟，30秒
                        200步/分钟，30秒
                        210步/分钟，30秒
```

小马踮步练习

◆ 上拉摆腿

要想跑得更快、跑得更有力，就必须加强腿部练习，掌握正确、省力的上拉摆腿动作。

那么，如何来提高双腿的上拉摆腿速度和力量呢？你不妨尝试练习以下几种方法。

原地弓步上拉：
先将右脚朝前跨出，构成弓箭步，然后将右脚掌尽可能地朝臀部拉，接着放松并自由落回原地，双腿重复交替练习。

弓步上拉换脚：
右脚上拉五次，然后将后脚朝前拉至前方构成弓步，上拉五次后换脚，重复30秒。当可以顺利完成这一动作后，逐步增加难度。

上拉摆腿技术动作的练习方法

科学跑步

健身跑如何远离运动损伤

合格跑者应该避免的关于跑步的那些误区

"跑步会损伤膝盖"

关于"跑步会损伤膝盖"的说法非常普遍，对此你是怎么看的呢？你知道吗？实际上，"跑步会损伤膝盖"是对跑步的一种误解，是一种不科学的观点和看法。

美国《骨科与运动物理治疗杂志》中的一篇文章提到：高强度和过量的跑步确实会引发关节问题，但对于普通健身跑者来说，跑步是有利于关节健康的。

在这里必须强调的是：跑步"有利于"关节健康有一个非常重要的前提，那就是——科学跑步。

如果你肆无忌惮地任性跑步，跑前不热身、跑步姿势不正确、跑后拒绝拉伸，那么谁也不能保证你参与跑步时膝盖不会受伤。

科学跑步：健身跑如何远离运动损伤

奔跑驿站

近在咫尺的"跑步膝"

你听到或者看到过"跑步膝"三个字吗？你了解"跑步膝"吗？

简单来理解，"跑步膝"是一个用于概括跑步者膝盖部位疼痛和损伤的词语。

"跑步膝"往往伴随着一些损伤和炎症，如侧滑囊炎、髌腱炎、鹅足腱滑囊炎等。

那么，"跑步膝"的产生究竟有哪些原因呢？其实，"跑步膝"的出现与跑步者下肢力量不足、跑前不会自查、跑步姿势不正确、跑后拉伸不到位等有很大的关系。

"跑步膝"也非常容易发生在一些特定人群中，如存在下肢损伤的跑步者，体重过大的跑步者，跑步姿势不科学的跑步者等。

时刻监督自己的跑步行为，可以帮助你远离"跑步膝"，让你更健康地参与跑步，并进一步获得健康。

"跑步不适合我"

坚持科学跑步可以让一个人充满活力和激情，不仅能给我们带来身体上的健康，甚至还可以改善我们的性格。

你身边有没有这样的声音：

"跑步多么无聊，而且我的性格也不适合跑步。"

"我太忙，根本没时间跑步。"

"空气质量这么差，跑步让自己吸进不好的空气，反倒容易生病。"

"跑步会让我原本粗壮的小腿更粗。"

……

在判断"我适不适合跑步"的问题上，我们在第一章已经进行过相关探讨，一个人到底适不适合跑步，需要经过专业的检查才能知道。所以，不要妄自下结论，也不要把"我不适合跑步"当成你拒绝跑步的一个理由，你必须去充分了解自己的身体和做完相关检查和评估后才能有定论。

奔跑驿站

跑步要"适度"

如果你是一个非常喜欢跑步的人，而且你的身心状况也非常适合参与跑步，请你科学跑步、适度跑步。

建议你给自己的跑步距离、时间及频率设置一个上限，尽量不超出这个范围，以免给自己造成身体的负担甚至损伤。

初跑者，建议你遵循以下几个"度"：

距离的"度"：每次跑步的距离3～6千米。

时间的"度"：每次跑步以20～40分钟为宜。

频率的"度"：每周跑步频率不超过五次。

运动量的"度"：少量多次进行。

科学跑步：健身跑如何远离运动损伤

"跑步就是迈开腿跑这么简单"

"跑步就是迈开腿跑这么简单吗？"当然不是。

健身跑是一项需要全身各个器官和组织都积极参与的运动项目，跑步不只用双腿双脚，在跑步时，除了腿，人体各个部分，如双手、躯干、五官等都需要协调配合。

享受跑步，享受健康生活

以跑步姿势来说，如果你不事先打好基础，在跑步时很容易造成身体重心失衡，甚至产生意外。

因此，要想成为一个合格的跑步者，必须意识到跑步是一件需要认真对待的事情。跑步者要了解跑步的相关知识，做到科学跑步。

科学跑步

健身跑如何远离运动损伤

探秘跑步损伤背后的原因

跑步是一项经济、便捷、门槛较低的运动，因此备受大众喜爱，大众"跑步热潮"从未"退热"。

很多跑步者都曾有过疑惑，自己明明很小心了，各方面准备措施和预防措施做得都很到位，怎么还是会受伤呢？你是否也有这样的跑步顾虑或者困惑？

接下来，就让我们一起来探寻跑步损伤的几个重要诱因。

跑步的期望与方法错了

◆ 过高的期望

如果你是初跑者，那你一定不要对自己抱有太高的期望，或者说，不要给自己定太大的目标。

一些人喜欢挑战自我，在刚开始参与跑步时，就挑战长距离跑，但是由于经验不足，如小腿缺乏锻炼而非常紧绷，在跑的过程中小腿又要不停地拉动跟腱，身体不适应，就会引发运动损伤。

科学跑步：健身跑如何远离运动损伤

◆ 坚持"从前的跑法"

健身跑很难长期坚持，总有人会因为各种各样的原因（如身体不适、工作太忙、家庭琐事等）会让跑步停下一段时间。

当你重新回归"跑者"的身份时，你可能会觉得之前可以每周跑上几千米毫无压力，现在依然可以，于是像从来没有间断一样继续着之前的跑法。但是这有可能会加大你跑步中受伤的概率，因为你的身体并不会像你想的那样一直保持着以前的运动活力和水平，相反，它需要"激活"和"重启"。

跑步技术动作不正确

◆ 前脚掌跑法不适合初跑者

跑步初期，如果你的下肢力量还没有足够强大，不建议采用前脚掌跑法，以免加重肌肉负担，造成骨骼与膝关节的损伤。

在你尝试采用前脚掌跑法之前，你应该打好力量基础。

> 穿一双厚底的鞋子，采用脚跟先着地的跑法，让鞋子帮你缓冲落地的冲击，从而分担肌肉负担，降低肌肉损伤的危险。

> 肌肉力量提升后，学会启动臀部及其他下肢肌群，慢慢过渡使用前脚掌着地。

前脚掌着地的过渡练习方法

068

对初跑者来说，用脚跟先着地是最适合的跑法，在跑步初期，不建议你尝试一些对身体素质有较高要求的跑法。

◆ 过度跨步

很多跑者认为："在跑步时，跨步越大，跑得就越快。"你是否也有过大跨步跑步的经历？这种跑法让你的速度变得更快了吗？

事实上，跑步速度受跨步影响，但跨步并非唯一影响跑步速度的因素，如果你一味地强调"大跨步"，很可能会影响你跑步过程中的身体平衡，还有可能造成肌肉拉伤。

跨步动作

科学跑步：健身跑如何远离运动损伤

那么，多大的跨步是合适的呢？

健身跑中，当你的脚掌跨到膝盖之前落地时，会形成剪应力，这种力可能造成膝关节受伤，而如果你的脚掌落在臀部的正下方，就不会产生这种剪应力，膝盖因"大跨步"受伤的概率就会大大降低。

健康贴士

健身跑中的场地隐患

合适的场地有利于改善你的跑步体验，同理，不合适的场地会降低你的良好跑步体验，而且可能引发运动损伤。

健身跑可不是随便找一个场地就能跑起来的，有的路面是专门为车辆和行人使用的，其硬度很高，并且有的设计成弧形，中间高两边低，如果你长期在这样的地面上跑步，会增加跑步过程中的身体受力，使下肢受力不均，进而引发损伤。

到健身公园的健步道上跑步，是非常不错的选择。

KCC 跑步法

KCC 跑步法的基本功能

当前，KCC 跑步法已经成为很多跑友喜爱和推崇的跑步法。那么，KCC 跑步法何以有这样吸引人的"魔力"呢？

无数跑友的经验告诉我们，当跑步者已经存在身体疼痛时，要想通过调整跑步的姿势来缓解疼痛是很难的。

KCC 跑步法能将肌肉向反向施压，将肌肉向两端拉伸，可以使肌肉得到放松。

KCC 跑步法可以有效地激发你平时不常用的肌肉，提高你身体运动的效率，改善骨骼和肌肉的平衡，并帮助你找到最佳的跑步姿势。

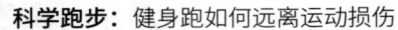

```
        消除肌肉疼痛              缓解可能存在的
                                   身体变形


                 打造理想的
                 跑步姿势
```

KCC 跑步法的功能

KCC 跑步法为肌肉助力

KCC 跑步法还有一个重要的"隐藏技能",那就是为平时很少运动的肌肉增加力量。

当参与健身跑一段时间后,如果你发现脚弓无法支撑自己的身体重量时,建议你尝试运用 KCC 跑步法帮助脚弓的肌肉增加力量。

KCC 跑步法可以增加肌肉力量,让你的跑步姿势更科学,如此一来,你身体的一些不适就可以得到缓解,跑步也会变得更加轻松、愉快。

第二章 科学跑步如何避免损伤？

```
┌─────────────┐    ┌─────────────┐    ┌─────────────┐
│  唤醒肌肉活力  │    │  增加肌肉力量  │    │  刺激运动神经  │
└─────────────┘    └─────────────┘    └─────────────┘

┌─────────────┐    ┌─────────────┐    ┌─────────────┐
│ 刺激不常用的肌 │    │ 在强迫肌肉运动 │    │ 刺激肌肉的运动 │
│ 肉，加强肌肉的 │    │ 的情况下，释放 │    │ 神经，疏通彼此 │
│   协调性    │    │   肌肉压力   │    │   的联系    │
└─────────────┘    └─────────────┘    └─────────────┘
```

KCC 跑法对肌肉与神经的作用

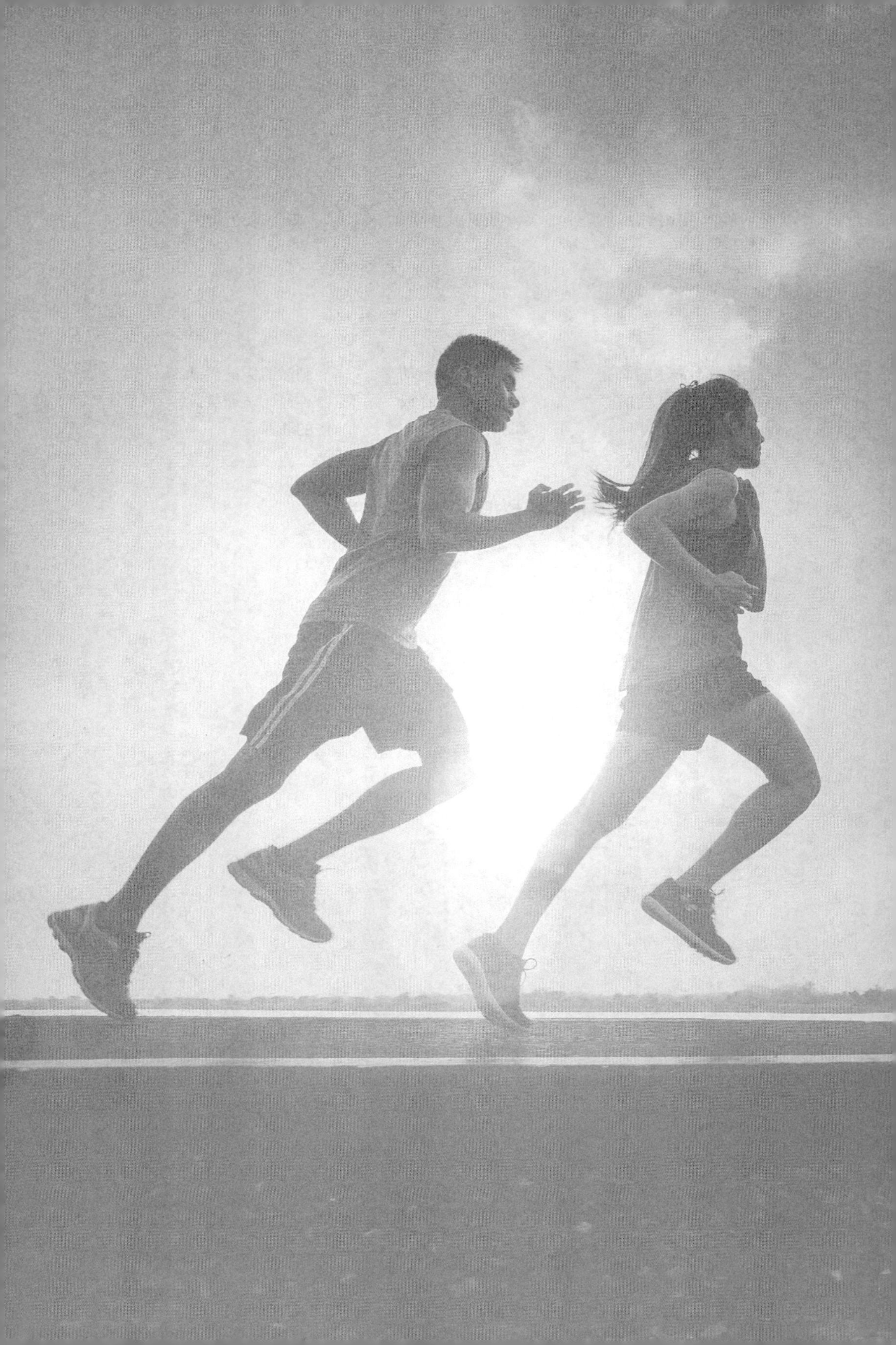

CHAPTER 3

第 三 章

及时发现损伤的信号：疼痛

我们的身体是一个完整的生理系统，当某一部分出现问题时，身体相应部位会有所反应。

对于跑者来说，疼痛是一个非常明显的信号，它在向你发出警告，你必须更加关注自己的身体，并尽快检查哪里出了问题。

通过疼痛，能尽快发现、及时处理跑步损伤，以确保跑步运动健康。

哪些部位最容易发生疼痛？

健身跑过程中，会遇到各种各样的"意外"，一些疼痛总是会打乱你的跑步节奏，让你很难不注意到它们。

没有选对鞋子，跑步的姿势、方法不对，对身体某些部位的错误拉伸……都可能造成身体疼痛。那么，健身跑中的常见身体疼痛有哪些呢？它们都发生在哪些身体部位呢？下面一起来了解下吧！

足部疼痛

跑步时双脚受到各方面的压力，容易产生疼痛，这些疼痛会在足部的各个关节、肌肉上出现。

- 左右脚脚后跟的骨骼与关节疼痛。
- 脚拇指根部关节附近、外侧疼痛，常发生于左脚。

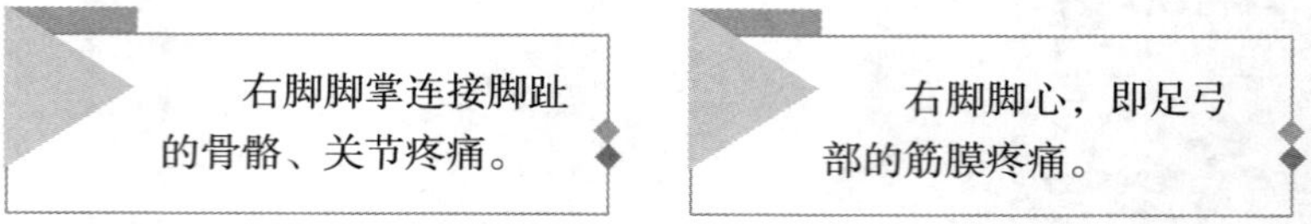

> 右脚脚掌连接脚趾的骨骼、关节疼痛。
>
> 右脚脚心，即足弓部的筋膜疼痛。

跑步时足部容易产生疼痛的部位

膝关节疼痛

膝盖处的关节、肌腱、骨骼在跑步中都有可能发生损伤，出现疼痛的症状。膝关节处容易出现疼痛的部位有以下几种：

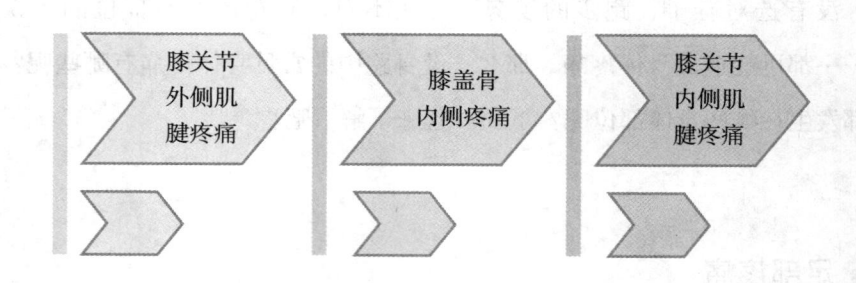

膝关节外侧肌腱疼痛 → 膝盖骨内侧疼痛 → 膝关节内侧肌腱疼痛

跑步时膝关节周围容易产生疼痛的部位

小腿疼痛

跑步时小腿处的疼痛多来自肌肉拉伤或者过度疲劳，主要有以下几个部位的肌肉易产生疼痛。

小腿肚内下侧的胫前肌酸痛、钝痛。

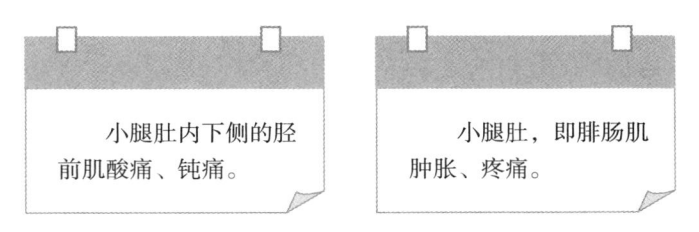

小腿肚，即腓肠肌肿胀、疼痛。

跑步时小腿容易产生疼痛的部位

跟腱部疼痛

跟腱主要在脚后跟往上的位置。跟腱周围的肌肉在跑步时容易出现拉伤疼痛。

跟腱上方，小腿肚下方的肌肉容易发炎疼痛。

跟腱下方，与脚跟连接处的肌肉疼痛。

跑步时跟腱容易产生疼痛的部位

腰腿周围疼痛

在跑步时，由于从腰部到腿部周围的关节、肌肉、骨骼一直在不断地遭受压迫，因此比较容易产生损伤疼痛。

| 髋关节和盆骨疼痛 | 女性常见的耻骨附近疼痛 | 从腰部到腿外侧的麻木与疼痛 |

跑步时腰腿部位周围容易产生的疼痛

跑步时感到疼痛就是受伤了吗？

跑步时身体某一部位出现疼痛是很多人都有过的体验。但你是否想过，跑步产生的疼痛就是受伤吗？你对跑步疼痛有清晰和理性的认识吗？

跑步产生疼痛的常见原因

超负荷跑步、跑步姿势不正确以及跑鞋选择不当是导致疼痛的几个常见原因。

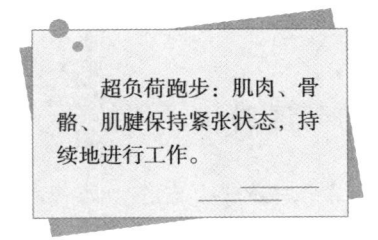

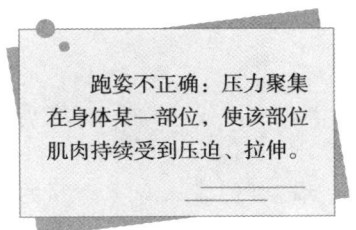

> 超负荷跑步：肌肉、骨骼、肌腱保持紧张状态，持续地进行工作。

> 跑姿不正确：压力聚集在身体某一部位，使该部位肌肉持续受到压迫、拉伸。

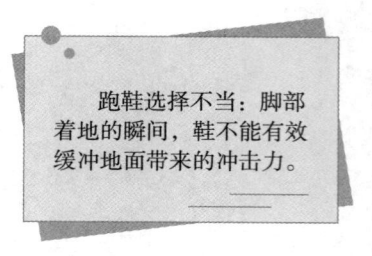

科学跑步：健身跑如何远离运动损伤

> 跑鞋选择不当：脚部着地的瞬间，鞋不能有效缓冲地面带来的冲击力。

跑步导致疼痛的常见原因

从不同角度认识跑步疼痛

从大的角度来讲，跑步疼痛的产生是由于身体某部位的过度疲劳导致的，而跑步时身体各个部位容易出现疲劳是由于这些部位的肌肉失去平衡或者全身肌肉调节失衡。

从小的视角来讲，跑步疼痛的产生是由于身体某部位的肌肉持续受到拉伸、压迫或者错位的力，使得肌肉和肌腱发炎或者发生疲劳性骨折而产生疼痛。

奔跑驿站

跑步疼痛与受伤的区别

跑步时可能带来身体疼痛的原因有三种，分别为内伤、外伤和跑步疼痛。

内伤指不接触外力的情况下的扭伤等，外伤指在外力的击打、碰撞下身体所产生的皮肤撕裂、撞伤、挫伤等。

内伤和外伤的疼痛都属于身体受伤之后的疼痛。

跑步疼痛一般是压力不断地积蓄使肌肉疲劳所致，不属于受伤。但如果跑步时总是同一个地方疼痛，那就是运动性伤病。

科学跑步

健身跑如何远离运动损伤

种子骨疼痛

什么是种子骨疼痛？

种子骨，位于脚部的拇趾根部。种子骨疼痛时，脚拇趾根部的拇趾球会有强烈的疼痛感，这种疼痛在跑步者的左脚经常发生，它提醒你，你的种子骨可能出现了问题。

常见诱因

如果你在跑步过程中不能很好地掌握良好的跑步技术，或者在跑步过程中因为各种原因导致足弓接触地面时发生了跑步脚部动作的变形，或者过长时间地跑步，在这些情况下，种子骨会受到严重压迫，反复多次可导致种子骨的过度疲劳，从而产生疼痛感。

通常，跑步时，你的脚在接触地面、位于身体的正下方时，最容易出现疼痛。

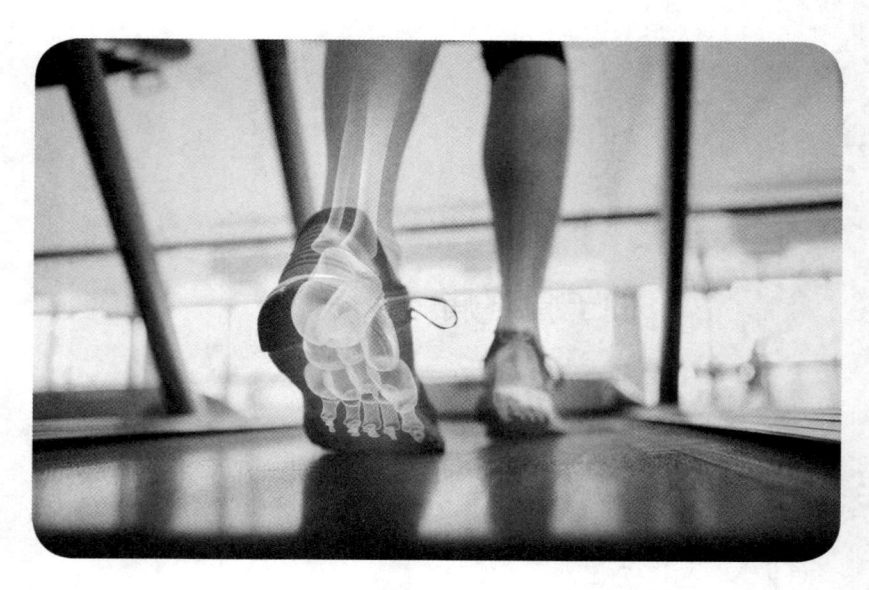

科学跑步：健身跑如何远离运动损伤

种子骨过度劳损可导致疼痛

如果疼痛比较明显，你可以在脚底疼痛部位周围进行脚部按摩，寻找疼痛位置，按压种子骨，确认种子骨是否有明显疼痛感，以确认疼痛的具体位置。如果能确认是种子骨出现疼痛，那么你就可以进一步确定是种子骨出现了损伤问题。

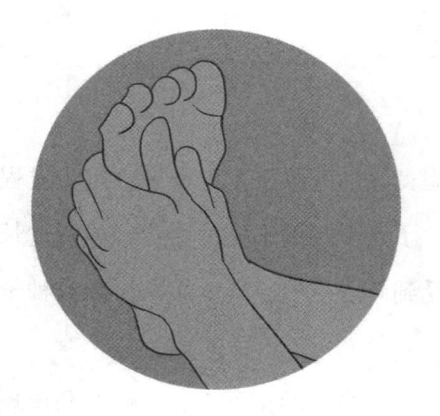

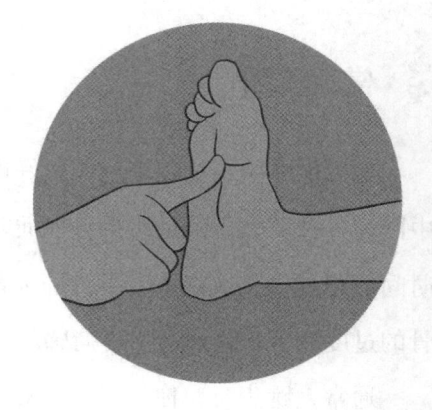

按摩脚部确认疼痛位置

预防与应对方法

要预防种子骨疼痛，保持良好的跑步姿势无疑是一个非常有效的方法，应该时刻都坚持正确的跑步姿势。

如果出现种子骨疼痛，也不必过分紧张，以下几种简便易操作的治疗方法有助于你尽快缓解和修复种子骨疼痛。

> 调整跑步姿势：双手手掌向上，握拳，在跑步过程中，双臂与双腿保持相同频率的摆动，跑步节奏协调。

> 按摩：用手握住脚趾和脚掌轻揉，按摩脚部僵硬的位置，放松脚部肌肉。

> 拉伸：将足弓内侧高度调整到正常范围，以提高肌肉与肌腱的韧性，将拇趾与脚掌置于一条直线上，对足弓内侧进行高度调整，以拉伸足部肌肉。

种子骨痛的应对方法

跑步时，当支撑腿的脚位于身体正下方时，小腿的肌肉要保持自然用力，足弓撑起，将身体向下的力量向上疏散，减轻脚部压力。

按摩具有缓解和消除疼痛的重要作用，种子骨疼痛时，可以采用按摩的方式缓解疼痛。

科学跑步：健身跑如何远离运动损伤

放松小腿，减轻足部压力

健康贴士

丰富多样的按摩手法

按摩是重要的应对运动疲劳与损伤的中医疗法。如果你认为按摩就是随便揉搓两下，那你可就大错特错了，因为按摩方法不对，不仅不能缓解损伤疼痛，还有可能加重损伤。

常见的按摩方法有以下几种（表3-1），不同方法施加的力不同。

表 3-1　常见运动损伤按摩方法

按摩类型	具体方法
按法	指按、掌按
揉法	指揉、掌揉、鱼际揉
推法	指推、掌推、拇指分推
摩法	环形移动摩
擦法	掌擦、鱼际擦

科学跑步

健身跑如何远离运动损伤

胫前疼痛

什么是胫前疼痛？

胫骨是支撑腿部的重要骨骼，胫前疼痛主要是指胫骨的下方有疼痛感，小腿肌肉僵硬。

胫前疼痛部位一般在胫骨下方三分之一处，疼痛可导致腿部肌肉僵硬，跑步时，疼痛一侧的腿的动作变形，脚不能以正确姿势着地支撑。

常见诱因

胫前疼痛多见于常年有跑步健身习惯的人，由于胫骨和连接它的筋膜出现疲劳而产生疼痛。

胫前疼痛属于腿部肌肉的一种牵引性疲劳损伤，主要是由于筋膜磨损发炎产生炎症，进而引发疼痛。

科学跑步：健身跑如何远离运动损伤

> **奔跑驿站**
>
> 如何区分胫骨疼痛与骨折疼痛？
>
> 有时，胫骨疼痛会非常严重，这会让很多跑友怀疑自己是不是骨折了。那么，如何对胫骨疼痛和骨折疼痛进行区分呢？
>
> 胫骨疼痛时，跑步者会有隐隐作痛感，是位于骨骼附近的疼痛，如果在这种情况下仍持续参加跑步而不休息，肌肉疼痛的范围就会扩大。
>
> 骨折疼痛，往往是瞬间产生剧烈疼痛，疼痛感尖锐，肌肉有刺入感，疼痛感比胫骨疼痛要更明显一些。

应对方法

◆ 调整跑步姿势

当发生胫前疼痛后，你可以通过调整跑步姿势来缓解疼痛。

在跑步时，让你的双臂做逆向摆动，通过改变手臂动作，利用股关节带动双腿跑步，调动腿后腱的活力，让脚跟外侧自然着地，让腿部在摆腿到蹬地的过程中的疲劳能有所缓解。

在调整跑步姿势时，你应重点关注以下动作要点。

正确摆腿，股关节带动双腿跑步

右腿：右脚着地，手臂逆向摆动→右腿摆腿，放松右侧胸大肌→右脚蹬地。

左腿：左脚跟外侧着地，自然过渡到全脚着地→左腿摆腿，腿部带动身体前进→右脚蹬地。

调整跑步姿势要点

◆ **按摩腰部与跳舞**

或许有跑友会感到疑惑，为什么腿部疼痛，却要按摩腰部呢？没错，通过对腰部的肌肉进行按摩，让肌肉放松，可以有效缓解胫前疼痛。

此外，通过练习弗拉门戈等舞蹈，可以拉伸外腹肌肌肉，将盆骨向上拉伸，这样有助于改善肌肉的平衡，也是缓解胫前疼痛的有效方法。

◆ 锻炼大腿前侧肌肉

通过锻炼大腿前侧肌肉来缓解胫前疼痛也是不错的方法。可简单概括为"胸前握拳—提踵—弯腰后甩臂"这几个主要动作。

> 胸前握拳：保持直立，双脚打开，与肩同宽，双手体前屈臂，双手握拳向上，肘尖向下，小臂紧贴前胸。

> 提踵：提起脚跟，脚尖支撑身体，坚持3秒，脚放下。

> 弯腰后甩臂：脚部不动，上体前屈，胸部贴近膝盖，头向前伸，双臂体侧向后，手心向上，手背对地。坚持3秒，还原。

锻炼大腿前侧肌肉的方法

腓肠肌疼痛

什么是腓肠肌疼痛？

腓肠肌就是我们平常所说的"小腿肚"。

通过按压，感受膝关节正后侧的位置是否出现疼痛，如果膝关节后侧疼痛，那就是腓肠肌上端肌肉疲劳疼痛。

常见诱因

跑步不注意力度和量，也不注意姿势，使肌肉处于不协调的状态中，都有可能产生腓肠肌疼痛。

例如，跑前没有做热身准备，使得肌肉一开始不能适应高强度的运动，产生拉伤，造成疼痛。

科学跑步：健身跑如何远离运动损伤

再如，跑步方式不对，腓肠肌下的比目鱼肌紧绷，而腓肠肌放松，这样会拉扯腓肠肌上端肌肉，造成疼痛。

预防与应对方法

为防止腓肠肌疼痛，在跑步时一定要选一双适合自己的鞋子。同时，在健身跑过程中，不能为追求速度而忽略正确技术动作，也不能盲目追求跑步距离，要结合自己的实际情况开展健身跑。

针对腓肠肌疼痛，可以多管齐下，采取多种方法缓解疼痛。

> 选合适的鞋子：选择中等厚度的B型内底分体式跑鞋，使脚后跟着地，可以避免腓肠肌过度牵拉。

> 按摩：双手向内侧轻轻按揉小腿肚的肌肉缓解疼痛。

> 拉伸：拉伸比目鱼肌，再拉腓肠肌。拉伸比目鱼肌时先站直，再将右脚向后撤半步，保持脚跟着地，同时弯曲膝关节。

> 冰敷：在感到疼痛后的24小时内进行，以每次10～15分钟，冰敷3～5次为宜。

腓肠肌疼痛的应对方法

耻骨疼痛

什么是耻骨疼痛

跑步时左右两边耻骨的结合部受到拉扯，发生疼痛，就是耻骨疼痛。女性多发生耻骨疼痛。

耻骨疼痛不仅发生在跑步运动中，妊娠或者生产后盆骨变形也会引起耻骨疼痛。

应对方法

由于耻骨疼痛发生在私密处，因此有些跑友常常因羞于启齿而耽误病情。对此，要特别提醒你和你身边的跑友，一定要正确看待耻骨疼痛。

健身跑期间，遇到耻骨疼痛，用一些简单的缓解方式缓解疼痛或者去医院检查等都是可行的应对方法。

> 按摩：按揉大腿内侧的内转肌群，让肌肉得到放松。

> 拉伸：盘腿坐下，双脚脚底紧贴在一起，用手将膝盖的顶端轻轻向地面方向压。

耻骨疼痛的应对方法

如果耻骨疼痛严重，应立刻停止跑步，尽快去医院检查，在医生的指导下做康复治疗。

中足疼痛

常见诱因

中足指前脚掌，在跑步时如果前脚掌的骨骼持续受力，就会出现中足疼痛。

健身跑时，如果习惯用脚尖用力着地，那么脚就会持续受到地面反弹力，同时身体的重力也会落在前脚掌，这种长期反复的压力和反作用力就会导致中足骨疲劳和疼痛。

预防与应对方法

为了防止中足疼痛，一定要循序渐进地增加跑步里程。

此外，跑步过程中，你可以尝试调整跑步姿态，如将左腿一侧的膝关节抬高，调整双脚着地的部位，这样右脚能够充分着地，减少所受压力。

科学跑步：健身跑如何远离运动损伤

如果中足不慎受伤发生疼痛，要采取合理的缓解方法进行缓解。

> 按摩足弓肌肉，不要按疼痛处。足弓处有很多经脉，活跃足弓处的经脉，可以使疲劳得到有效缓解。

> 使用足弓矫形器或者矫形鞋垫，帮助前脚掌分散所承受的地面冲击力。

中足疼痛的应对方法

脚踵疼痛

常见诱因

你在参与健身跑时，有没有遇到脚后跟疼痛的情况？脚后跟疼痛，也被称为"脚踵疼痛"。

是什么原因导致我们在健身跑时产生脚踵疼痛呢？它可能是多种原因导致的，如跑步姿势不正确、脚部有炎症、骨质增生等。

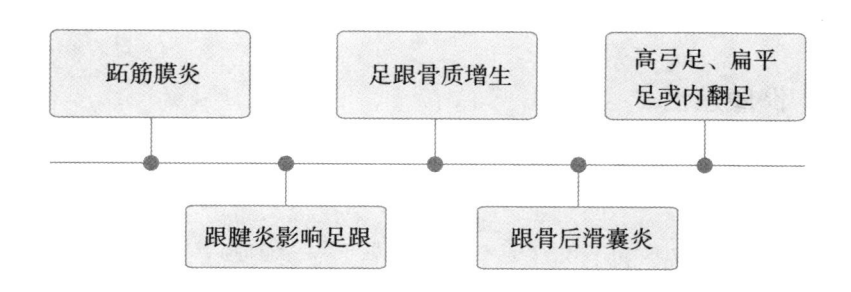

```
跖筋膜炎        足跟骨质增生      高弓足、扁平足或内翻足
        跟腱炎影响足跟        跟骨后滑囊炎
```

导致脚踵疼痛的原因

科学跑步：健身跑如何远离运动损伤

预防与应对方法

在日常健身跑中，一定要重视足部的锻炼，当你的足底筋膜、小腿等肌肉变得更有力量时，在跑步过程中，足跟就会大大减负。如此一来，你就可以远离脚踵疼痛了。

当你出现脚踵疼痛的症状时，你可以通过一些柔和的方法去干预和缓解这种疼痛。使用泡沫轴按摩、每天坚持用温水泡脚都是不错的选择。

泡沫轴在足底、小腿后来回滚动，放松足底筋膜和小腿肌肉。

每天用温水泡脚，促进足部血液循环。

脚踵疼痛的应对方法

健康贴士

针对足部伤痛选择合适的鞋垫

足部疼痛的跑步者不仅需要合适的跑鞋，合适的鞋垫也必不可少。以下列出了一些针对不同足部伤痛的鞋垫，快看看有没有适合你的鞋垫（表3-2）。

表 3-2　不同类型足部伤痛的鞋垫选择表

鞋垫类型	作用	适用人群
硅胶全鞋垫	鞋垫弹性好，能够有效地缓冲震荡	患足底筋膜炎的跑者
足跟垫	只有后跟部分，增加足跟支撑	足跟损伤疼痛的跑者
纵弓垫	支撑足弓、缓冲震动、改善足底压力	足弓损伤下陷的跑者 扁平足的跑者
楔形垫	改善脚踝内翻或者外翻，减轻脚部承重	足底疼痛的跑者 足外翻和内翻跑者
前足垫	放在前脚掌下，增加脚掌支撑	中足骨疼痛的跑者

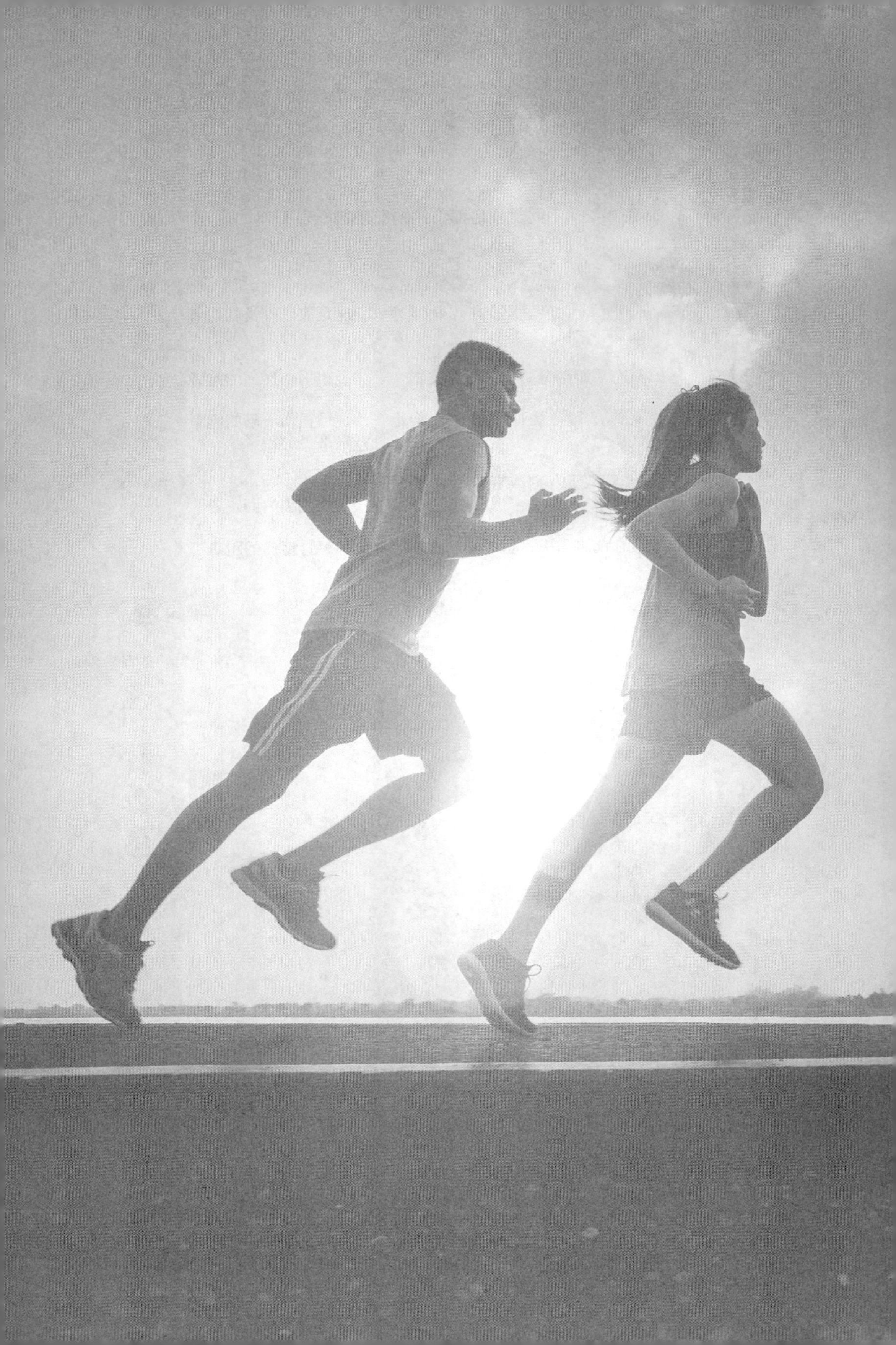

CHAPTER 4

第四章

初跑者经常遇到的伤病困扰

刚开始跑步时，由于缺乏经验，不知道将会遇到哪些损伤，不能预见，也就难预防。因此跑步初期，跑者会经常遇到一些这样或者那样的损伤困扰。

面对可能发生的跑步运动损伤，作为初跑者的你非常有必要掌握一些应对损伤的知识和方法。

跑步过程中，究竟你的身体可能会出现哪些不可预估的损伤？这些损伤出现的时候该怎样科学应对呢？下面就一起来了解健身跑中经常遇到的损伤困扰及其应对、预防的方法吧。

一些烦人的"小毛病"

跑步之初,你总会遇到各种各样的损伤困扰,这些令人烦恼的"小毛病"的出现,多是因为你的跑步经验不足,而只有及时发现并解决这些"小毛病"才能让你更愉快地进行健身跑。

当然,更好的方法是提前预防这些"小毛病"。现在,让我们来一起认识下它们,在跑步时提前做好预防措施,避免受到它们的干扰,同时在它们出现后及时对抗它们,从而更舒心地享受健身跑。

户外跑步给皮肤带来的伤害

健身跑一般在户外进行,温暖明媚的阳光、新鲜的空气、宜人的景色等,都是户外跑步的"运动福利"。

但是,这些"运动福利"来得太多,就会给我们带来一些困扰,如晒伤、唇干裂等。

◆ 皮肤晒伤

迎着明媚的阳光,通过跑步来唤醒身体活力,是一件非常美好的事。

科学跑步：健身跑如何远离运动损伤

但是，强烈的阳光照射皮肤，也会引发晒黑、晒伤等一系列让人烦恼的问题。

晒伤多发生在阳光比较强烈的夏季。

跑步晒伤后，身体的"伤情"并不会立刻显现，往往要等数小时，甚至十几个小时之后才会出现症状。

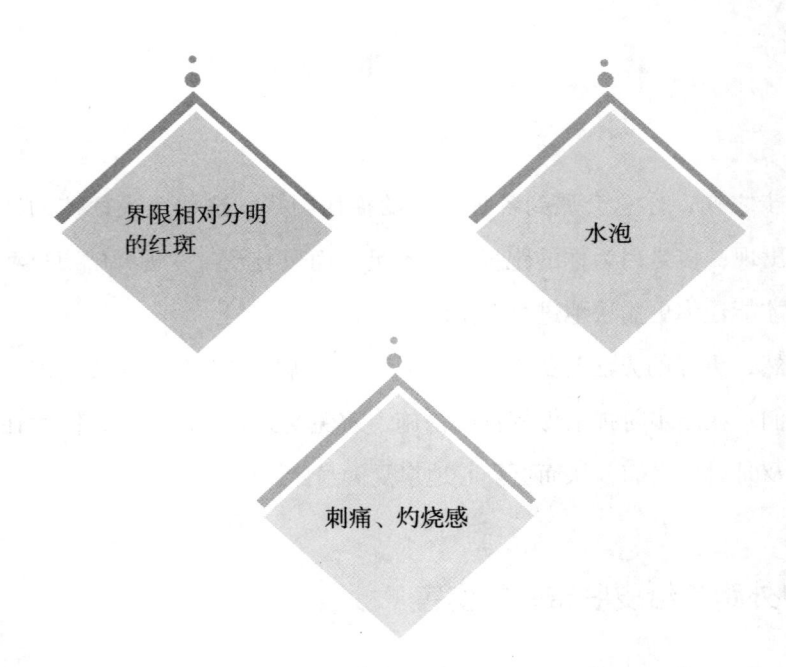

界限相对分明的红斑

水泡

刺痛、灼烧感

晒伤后的皮肤表现

轻度晒伤，皮肤可表现出界限相对分明的红斑，严重者可能出现水泡，有刺痛、灼烧的感觉。

面对可能出现的运动晒伤，做好防晒很重要。有效的防护，不仅可以避免晒伤、晒黑，还能让你的健身跑体验更舒适。

防晒有化学防晒和物理防晒两种方式。

化学防晒：喷涂含化学成分的防晒霜、防晒喷雾，在皮肤表面形成防护屏障。

物理防晒：穿戴防晒衣帽遮挡皮肤，避免皮肤直接裸露在太阳下。

晒伤的预防方法

化学防晒，即使用防晒霜、防晒乳、防晒喷雾、防晒油等防晒护肤品进行防晒。

| 防晒护肤品的系数及其防护效果 | 防晒护肤品的防晒系数（SPF）越高则防晒功效越好（SPF后的数字表示系数高低）。"PA"代表防御紫外线的效果，"+"越多则效果越好。 |

| 如何选择防晒护肤品 | 防晒系数越高，防晒品所含防晒剂越高，对皮肤的刺激性也越大。户外跑步时选择SPF25～30，PA++的防晒霜就可以有效防晒，并非防晒系数越高就越好。 |

| 如何正确使用防晒护肤品 | 防晒护肤品要渗透到真皮中才能起防晒作用，所以出门前20～30分钟之内就要涂抹。在运动的过程中每隔大约两个小时再涂抹一次，这样才能有效防晒。 |

防晒护肤品的选择与使用

109

物理防晒即通过穿防晒衣、戴帽子和墨镜等方法防晒。在选择防晒服的过程中一定要谨慎，市面上很多防晒服虽然款式好看，但达不到防晒、透气的效果。

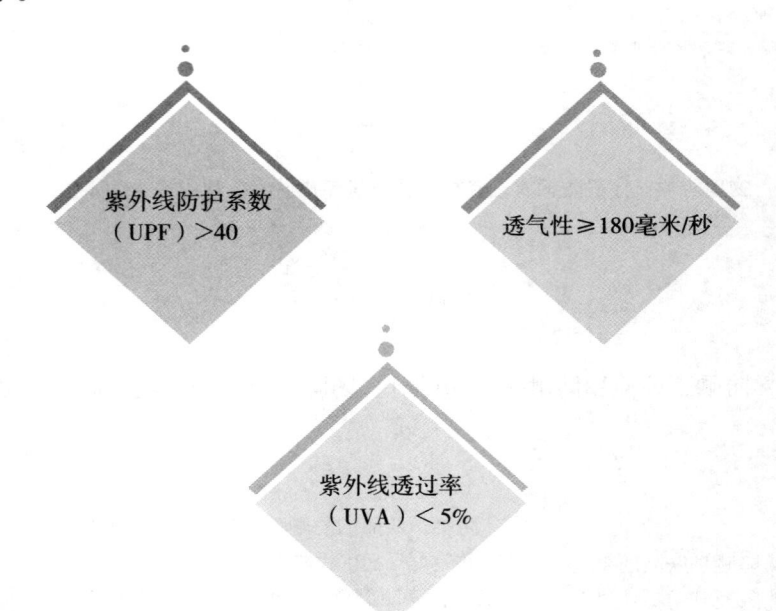

紫外线防护系数（UPF）>40

透气性≥180毫米/秒

紫外线透过率（UVA）<5%

防晒服各项指数参考

如果防晒措施不到位，或者在某一次跑步时忘记防晒，导致皮肤晒伤了，又该怎么办呢？

结合皮肤晒伤的不同程度，可以分别采取降温、消炎、修护等措施。

降温：用凉水洗澡或者用凉水浸湿毛巾适当冷敷。

> 消炎：轻轻涂抹芦荟胶等物品，缓解灼烧、刺痛感。

> 修护：用干燥的绷带轻轻包裹，以防水泡破裂感染。

晒伤后的缓解方法

奔跑驿站

选择什么时间段跑步能避免晒伤？

夏季为了避免晒伤，我们可以选择在早上 10 点之前去跑步，这样就可以避免受到强烈的太阳光的照射，也能呼吸到清新的空气。

一般，不同季节、地域和天气，所选择的跑步时间都不太一样，但最基本的原则是选择阳光照射不那么强烈的时间段去跑步。在阳光强烈的夏季或热带地区，最好等太阳快要落山的时候再跑步。

夜间跑步能很好地避免晒伤，同时有助于消化和睡眠，但是在夜跑的时候要注意安全，预防感冒。

◆ 唇干裂

在干燥的空气中或者有风的天气里跑步，嘴唇常常会变干起皮，甚至干裂出血。

为了避免唇干裂，你可以准备一些品质较好的润唇膏，出门跑步之前可以在嘴唇上涂一层。

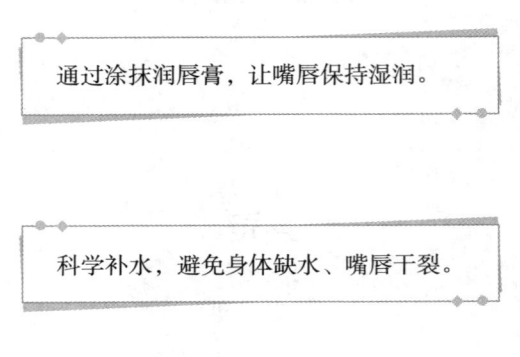

> 通过涂抹润唇膏，让嘴唇保持湿润。

> 科学补水，避免身体缺水、嘴唇干裂。

嘴唇干裂的预防方法

在跑步过程中若感觉到嘴唇干，就说明你的身体已经缺水了，应少量多次地喝水。

跑步中，嘴唇出现了干裂、起皮的症状可以涂抹唇膏，这是很好的修护措施。同时，健身跑期间要注重科学补水，这样才能帮助你从根本上解决嘴唇干裂的问题。

跑步时脚部可能发生的损伤

跑步者保持脚部健康非常重要。跑步之后脚部也有可能出现一些令人忧心的"小毛病",一起来了解一下吧。

◆ 脚臭

脚臭是困扰很多人的一个"小毛病",如果你是个汗腺发达的人,平时跑步的运动量又较大,那么脚臭的问题可能无法避免,也难以根除,但通过一定的措施,还是可以减少脚臭的。

每次跑完步之后洗脚、洗袜子,将鞋子晾在通风有阳光的地方是减少脚臭最基础的工作。用具有杀菌效果的醋泡脚,也可以逐渐减缓脚臭。

> 注意运动卫生:勤洗鞋袜,保持脚部卫生。

> 注意杀菌:用醋泡脚可以为脚部杀菌,并有效防止细菌滋生。

脚臭的缓解方法

◆ 起水泡

你有过脚起水泡的经历吗?参与健身跑初期,你的脚部有可能会出现起水泡的情况,但是别担心,这是很常见的问题。这可能是鞋子不合脚,某一部位长时间摩擦引起的;也可能由于缺乏运动,初次跑步时运动量过大而导致脚部磨损起泡。

科学跑步：健身跑如何远离运动损伤

摩擦起的水泡常常让人感觉到肿胀疼痛，但这时候不可着急地将它戳破，应尽量减少摩擦，防止其破掉后感染。

如果水泡已经破掉，可以抹上抗菌的软膏，再用纱布包起来，记得勤洗勤换。

如果水泡泛红流脓，应及时就医。

◆ 拇趾外翻

拇趾外翻是指大拇趾底下的关节突出的现象，突出的地方与鞋子长期摩擦会造成损伤。

跑步者通常都是脚趾最后离地，所以大拇趾常常会出现向二脚趾压过去的趋势，长期以来会形成拇趾外翻的状况。如果你的足弓较平或者你是扁平足，那么在长期的健身跑中更容易形成拇趾外翻的状况。

> 跑步时不宜剧烈，扁平足者跑步时间不要过长。

> 平时跑步穿宽松合脚的鞋子，避免鞋子长期挤压脚趾形成拇趾外翻。

拇趾外翻的预防方法

已经有拇趾外翻倾向的跑者可以试试市面上一些品质较好的矫形器，有一些可以有效预防拇趾再靠近二脚趾的器具。为了更好地纠正拇趾外翻，建议跑者到专业的医院进行检查和治疗。

◆ 黑脚趾

黑脚趾是由于在健身跑中脚趾在鞋子里反复地撞击、摩擦而引起的淤青、出血等症状。

一般来说，黑脚趾不会影响健身跑的继续进行，但非常不美观，让很多跑友非常困惑。

> 选择大一码的运动鞋，跑步前，认真检查自己的鞋子，系好鞋带，可以让你的后脚不容易往前跑。

> 穿比较吸汗的棉线袜子，这样脚在鞋子里不至于太滑。

黑脚趾的预防方法

跑步可能遇到的其他身体不适症状

◆ 过敏

易过敏人群在户外跑步的时候常常会因为受到空气中的花粉、柳絮、雾霾的影响，出现呼吸道、皮肤、眼睛等器官不适的症状。

如果你对花粉过敏，可以先在气象网站查询当时当地的花粉指数，再决定是否要去户外跑步。若空气中花粉含量较多，可以选择用室内的跑步机。

在柳絮飘扬的时节或者雾霾天气下，容易过敏的人群最好也不要到户外去跑步，可以选择在室内进行锻炼。

如果你在跑步时出现过敏症状，回家后要赶快清洗，将皮肤中滞留的过敏粉尘洗掉，同时及时更换和清洗衣服。

如果过敏严重，就需要及时就医。

在室内跑步机上跑步

◆ **恶心呕吐**

恶心呕吐通常出现在激烈的健身跑中，当一个人拼尽全力跑到终点的时候，往往会出现这样的状况。

在跑步前由于太过紧张也会出现恶心呕吐的状况。

为了预防在健身跑中出现恶心呕吐，跑步前要吃一些清淡且低纤维的食物。低纤维食物主要指那些纤维成分少、利于消化的食物，如米饭、面条、肉、蛋、奶、豆腐脑、番茄、土豆和各种新鲜水果等。

科学跑步

健身跑如何远离运动损伤

肌肉痉挛

肌肉痉挛是健身跑中常见的一种症状，许多热爱健身跑的人可能都遇到过。对于初跑者而言，了解肌肉痉挛的症状以及应对之策非常重要，这有助于初跑者在跑步过程中出现痉挛症状时能及时调整、缓解。

认识肌肉痉挛

跑步者肌肉痉挛

科学跑步：健身跑如何远离运动损伤

　　肌肉痉挛，就是人们常说的"抽筋"，表现为肌肉不受控制地收缩，伴有剧烈的疼痛以及痉挛处的关节无法自由屈伸等症状。

　　我们都知道，健身跑主要靠下肢肌肉发力，那么在跑步的过程中最容易出现痉挛的就是下肢肌肉了，比如小腿肚（腓肠肌）、跟腱肌肉、足底肌肉以及大腿后侧肌肉（腘绳肌）等，其他部位肌肉也可能发生痉挛，只是发生概率相对较低。

有效预防

◆ 做好跑前准备

　　跑步之前，肌肉处于静止状态，如果突然进行剧烈运动，肌肉很容易失调，导致痉挛，所以跑前的热身运动非常重要。

　　跑前热身需要认真做，各个部位要伸展到位，容易产生痉挛的部位可以提前予以按摩。

第四章 初跑者经常遇到的伤病困扰

科学跑步：健身跑如何远离运动损伤

跑前的热身动作

◆ 减少肌肉痉挛诱因

寒冷空气的刺激、大量排汗导致身体内的电解质丢失过多、持续跑步造成肌肉疲劳等，都是导致肌肉痉挛的原因。预防肌肉痉挛，不妨从拒绝这些诱因着手。

> 寒冷环境中跑步时，要注意保暖，多穿几层薄的衣服，以免受到冷空气的刺激。

> 跑步时不要过度勉强，避免过量运动而导致身体内的电解质流失过多。

第四章 初跑者经常遇到的伤病困扰

> 跑步不要太剧烈，可以逐渐增量，避免肌肉过度紧张、疲劳，造成痉挛。

> 注意观察自己的身体状况，身体过于疲劳时，为避免痉挛发生，暂停跑步，注意休息。

跑步痉挛的预防方法

健康贴士

冬日"洋葱式"穿衣法

冬季室外较冷，不能直接穿薄衣服出去跑步，但穿太厚又不便于跑步，可以尝试按"洋葱式"穿衣法穿衣。

"洋葱式"穿衣法简单来说就是多穿几层衣服，每一层衣服不用太厚，以便在运动的过程中按自身冷暖的感受逐渐地脱去或穿上，不至于脱掉一件就突然感到太冷或者穿上一件又感到太热。

应对方法

肌肉痉挛是非常难受的体验，当这一症状出现时我们要及时地设法去缓解。以下是一些缓解肌肉痉挛的常见方法。

科学跑步：健身跑如何远离运动损伤

> 肌肉痉挛时不要恐慌和紧张，不要试图蜷缩身体，这样并不能减轻疼痛，而是要尽量将关节伸直，朝着收缩的相反方向牵引、拉伸肌肉。

> 牵拉到症状有所缓解时再在痉挛处按摩。按摩以揉捏、轻拍和抖动为主，症状好转之后要注意保暖。
> 结束运动后可以用热水浸泡或局部热敷痉挛处。

肌肉痉挛的应对方法

第四章 初跑者经常遇到的伤病困扰

帮助跑友缓解腿部肌肉痉挛

科学跑步

健身跑如何远离运动损伤

过度紧张

说到"过度紧张",你脑海里会不会闪现过曾经经历过的一些紧张时刻?但是,我们这里所说的"过度紧张"并非经历那些难忘、关键时刻的心跳加速的感觉。

跑步中的"过度紧张"是指在跑步过程中,身体超负荷跑所产生的一些生理紊乱的状况。

哪些跑步者容易出现过度紧张?

运动性过度紧张多出现在时间较长、运动量大、较激烈的健身跑中,同时也与跑步者本身的身体素质也密切相关。

科学跑步：健身跑如何远离运动损伤

> 基础差、不专业的初跑者进行超负荷跑步容易出现过度紧张。

> 长期中断锻炼的人突然参加剧烈的健身跑比较容易出现过度紧张。

容易出现过度紧张的人群

为了避免可能发生的运动损伤，在跑步之前，必须要对自己的身体状况有充分的了解，尽量不要突然参加剧烈的健身跑。跑步之前，也应该做好热身运动后再跑步。坚持健身跑一段时间后，当你适应了当下的跑步强度之后，再逐渐增加跑步强度和增加跑步距离。

> 跑前做好热身活动，充分活动身体。

> 循序渐进地增加跑步强度和增加跑距。

过度紧张的缓解方法

症状表现与应对方法

过度紧张的症状并不固定，不同的人会有不同的反应。常见的反应主要有虚脱、昏厥、肢体麻木、急性胃肠综合症等，严重时甚至会造成心肌损伤。下面，我们一起来详细了解过度紧张的具体症状和应对方法。

第四章 初跑者经常遇到的伤病困扰

虚脱	症状表现	恶心、呕吐、头晕、冒虚汗、面色苍白
	应对方法	轻者应卧床休息，重者建议尽快就医
昏厥	症状表现	跑步时或跑步后突然昏倒，醒后有头痛、头晕的症状
	应对方法	平卧，头部稍低，尽快联系专业的医生诊治
肢体麻木	症状表现	一般在跑步中或跑步后身体一侧出现麻木
	应对方法	头稍低平躺着休息；症状严重者尽快就医检查
急性肠胃综合征	症状表现	轻者出现恶心、呕吐；重者消化道出血，呕吐咖啡色胃内容物
	应对方法	切忌盲目服药，尽快去医院检查治疗
心肌损伤	症状表现	呼吸困难、无力、面色苍白、胸闷、胸痛、咳血、心跳节律不齐等
	应对方法	切忌盲目服药，及时就医检查治疗

过度紧张的症状表现和应对方法

科学跑步：健身跑如何远离运动损伤

健康贴士

跑步中遇到昏厥的跑友该怎么办？

当你在户外跑步时，可能遇到因超负荷运动而昏倒在路上的跑友，这时候你不能慌乱，更不能盲目地使用胸外按压等施救手段。

你应该先尽快联系专业的医生，然后在确保安全的情况下记录患者的症状、反应，等待救护人员的到来。

擦伤

当你在户外那些凹凸不平的道路上跑步时，可能会被各种障碍物绊倒，进而发生擦伤。当然，在平坦的田径跑道上，身体也有可能会因失衡摔倒而发生擦伤的情况。

摔倒后，人的四肢通常先着地，因此位于四肢的皮肤最容易发生擦伤。

轻微擦伤，伤口部可能会有一些皮肤组织被破坏掉，刚开始比较疼，要及时查看伤口是否粘上了泥土和沙子，如果有，要及时清理这些异物，不用做特别的处理，等待伤口结痂、掉痂。

中度擦伤可能会伤及真皮层，要及时清理伤口上的泥土、血液等，进行消毒、涂药和包扎，以免造成感染。

擦伤严重或伤口发生感染,应及时就医检查和治疗。

伤后可适当增加维生素的摄入,以促进伤口尽快愈合。

擦伤的应对方法

运动性腹痛

腹痛在健身跑中时常发生，疼痛多出现在右上腹。那么，是哪些具体的原因导致腹痛的呢？当腹痛出现的时候我们要怎样处理呢？

常见诱因

健身跑中出现腹痛时会使跑步无法正常进行。导致运动性腹痛的常见诱因主要有以下六种：

跑步前没有做好充分的热身准备，从而导致腹痛。

刚开始跑步就跑得非常剧烈，身体一时无法适应高强度的运动，从而导致腹痛。

科学跑步：健身跑如何远离运动损伤

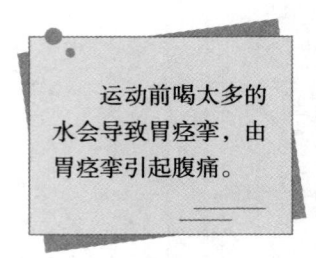

> 饭后过早参加健身跑，胃部负担过重而疼痛。

> 运动前喝太多的水会导致胃痉挛，由胃痉挛引起腹痛。

> 高温天气下剧烈地跑步，会使人体水分、盐分流失过多而产生腹痛。

> 跑步过程中呼吸紊乱，导致吸氧量下降而产生腹痛。

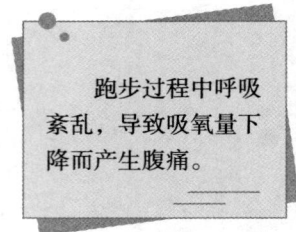

导致跑步腹痛的原因

应对方法

当你在跑步中出现了难以忍受的腹痛，这时候一定要减速，然后调节你的呼吸节奏，再用手按压腹部疼痛的位置。

如果经过以上的一系列操作之后疼痛没有缓解就要停止运动，休息一段时间观察状况。

若休息一段时间后腹部依旧有疼痛感就要尽快就医。

运动性高血压

在跑步的过程中，人的身体需要更多的能量，血压也会按照身体的需要而升高，这是一种正常的反应。但当血压高出一定范围的时候，就是运动性高血压了，这也预示着身体可能隐藏了患高血压或者心血管疾病的危险因素。

健康贴士

怎样判断自己是否有运动性高血压呢？

智能手表、血压检测手环等都可以测量血压、心率等，而且携带方便，跑步时可随时自测血压。

科学跑步：健身跑如何远离运动损伤

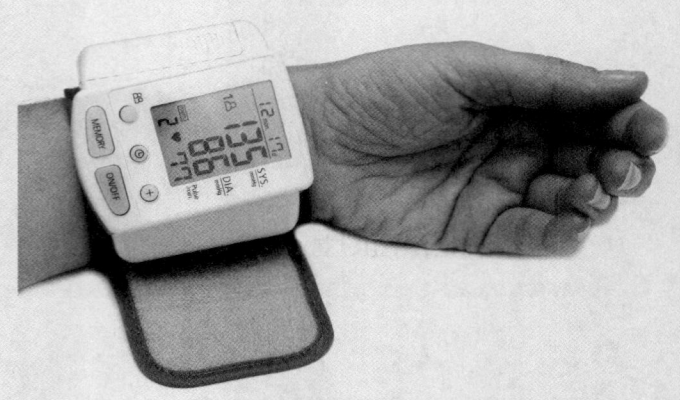

血压测量手环

表 4-1 常见的运动性高血压判断标准表

（单位：毫米汞柱）

负荷强度	标准类型	判断标准
高运动负荷	LRCP 研究标准	男女收缩压＞200；舒张压＞95
中等运动负荷	Framingham 心脏研究（1992 年）和 CARDIA 研究标准	男性收缩压≥210 女性收缩压≥190
	Hietanen 标准	男女收缩压＞215

注：数据参考鲁端，《运动性高血压的现代认识》（论文），2018 年

如果没有随身佩戴血压测量仪器，应该怎样来判断自己是否发生了运动性高血压呢？

以下为你提供几种参考症状，这样就可以"对号入座"来判断自己是否在跑步中出现了运动性高血压。跑步运动过程中，或者运动刚刚结束时出现头晕、头痛、颈部板紧、疲劳、心悸等症状，一定要提高警惕，尽早检测。

常见诱因

运动性高血压的诱发原因比较复杂，身体疾病、超重肥胖、年龄较大、运动量，以及运动中的心态等都是一些常见诱因。

本身有动脉粥样硬化、高胆固醇血症、糖代谢异常等疾病。

超重或者肥胖的人因为血管在运动时不能充分扩张，比较容易产生运动性高血压。

健身跑中有紧张、焦虑、烦躁等复杂的情绪也会导致运动性高血压。

过度和高强度的跑步训练或者比赛也会导致运动性高血压。

跑步中可能导致运动性高血压的原因

预防与应对方法

了解了导致运动性高血压的一些常见诱因，我们就可以进行有针对性的预防。

01 在参与健身跑时要及时调整心态和情绪，以轻松愉悦的心情参与跑步。

02 初跑者或者训练基础较差的朋友需要控制过度的跑步训练，避免强度较高、密度较大的训练方式。

预防运动性高血压的方法

跑步过程中，如果出现轻度运动性高血压，应及时调整运动或停下休息。

运动性高血压严重者，应及时就医检查和治疗。

运动性高血压的应对方法

运动性低血糖

运动性低血糖在长时间的健身跑中比较多发，因为长时间的运动会消耗大量的能量，在未能及时补充糖分的情况下就很容易出现低血糖。低血糖症可轻可重，喜欢跑步的朋友应该掌握应对这一症状的方法。

症状表现与常见诱因

不同程度的运动性低血糖，症状表现不同。

轻者会头晕目眩、饥饿乏力

重者会言语不清、四肢发抖、昏倒

运动性低血糖的症状表现

科学跑步： 健身跑如何远离运动损伤

健身跑中出现低血糖，通常是因为长时间剧烈运动消耗了体内大量的血糖而导致。此外，也有其他相对复杂的原因。

跑步之前处于饥饿状态	长时间快速跑步
跑步时情绪波动较大	有胰岛疾病、肝脏疾病等

跑步时导致运动性低血糖的原因

应对方法

跑步的时候出现低血糖症状，最直接的解决方法就是尽快补充葡萄糖，但症状不同也有不同的应对方法。

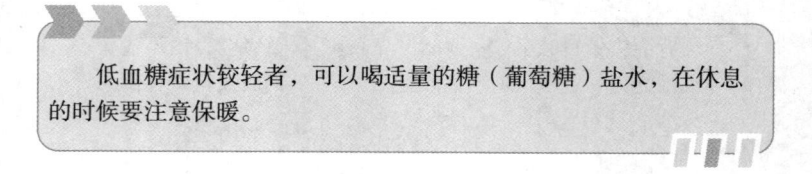

> 低血糖症状较轻者，可以喝适量的糖（葡萄糖）盐水，在休息的时候要注意保暖。

> 注意休息，可热敷或按摩下肢缓解症状。

> 低血糖导致昏迷的情况要尽快联系专业的医生。

运动性低血糖的应对方法

健康贴士

长跑爱好者怎样预防运动性低血糖？

长跑运动者应该提前准备一些糖（葡萄糖）盐水或者葡萄糖液，以应对长时间的健身跑中出现的低血糖症状。

跑步前食用足够量的米饭、面包等碳水化合物也是非常必要的准备工作，这样才能有足够的能量支持长跑运动。

科学跑步

健身跑如何远离运动损伤

岔气

症状表现与常见诱因

岔气在初跑者或者训练基础较差的运动者身上容易发生。

岔气表现为胸腔两侧肋下的疼痛，往往在跑步过程中疼痛感明显，当停下的时候会消失，再跑就又出现疼痛。

那么，岔气是怎么引起的呢？我们要怎样预防它？

身体素质较差，或者在跑步时没有掌握正确的呼吸方法，这些都可能会引发岔气的出现。

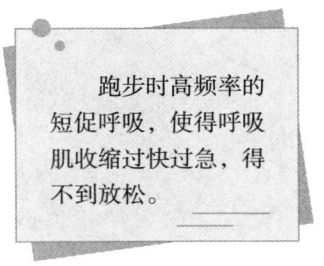

身体素质较差。

跑步时高频率的短促呼吸，使得呼吸肌收缩过快过急，得不到放松。

跑步时形成岔气的常见诱因

科学跑步：健身跑如何远离运动损伤

预防与应对方法

要想预防跑步岔气，拥有较高的身体素质非常必要。要有较好的身体素质，跑步者平时可进行一些增强躯体力量的锻炼，如平板支撑、仰卧起坐等。

平板支撑

仰卧起坐

在参加强度较大的健身跑之前,一定要做好跑前热身。

初跑者或者长时间未参加体育锻炼的人在开始跑步时要注意节奏,不能跑得过快、过猛。在天气较冷的时候,跑步时最好用鼻子呼吸,在跑的过程中少说话或者唱歌。

健身跑过程中,如果出现岔气,应注意调整跑步节奏,必要时应及时停下休息或就医治疗。

> 将岔气一侧的手臂抬高或者向没有岔气的一侧弯腰拉伸肌肉,缓解疼痛。

> 跑步时尝试做深长的呼吸,让呼吸肌得到放松,或者调整呼吸节奏,以两三步做到一呼一吸为宜。

> 尝试深呼吸再憋气,然后叩打岔气疼痛的部位。如果长时间疼痛且比较严重要尽快去医院检查。

跑步岔气时的应对方法

科学跑步

健身跑如何远离运动损伤

中暑

在炎热的天气中跑步稍不注意就会中暑，中暑后跑者的身体可出现极度疲劳、虚弱、头晕、头痛、湿冷、恶心呕吐等不适症状，影响正常的生活和运动。应对中暑，科学预防、科学补水非常重要。

| 中暑如何缓解 | 身体出现中暑的症状时，要立即停止跑步，找到凉快的地方休息，喝适量清凉的水，再用凉爽的湿毛巾擦拭身体或者冷敷以加快降温。中暑的症状比较严重时要及时就医。 |

| 如何预防中暑 | 在炎热天气跑步，要及时、合理地喝水，保证身体不缺水，跑步的长度和强度也要适当地降低，或者可到有空调的室内用跑步机跑步。 |

跑步中暑的缓解和预防方法

科学跑步：健身跑如何远离运动损伤

| 跑步前 | 喝水不能过多，可喝150~300毫升左右的水。 |

| 跑步中 | 每隔10~15分钟，喝100~150毫升的水。 |

| 跑步后 | 跑步超过1小时，运动强度较大者，饮用适量盐水。跑步未超过1小时，普通温水即可。 |

跑步时科学喝水的方法

（数据参考主流，《实用饮水与健康常识》，2010年）

出血与骨折

健身跑中，出血和骨折是两种相对严重的损伤，一旦出现应及时、合理地处理，不然会对身体造成较大的危害。

出血和骨折可能会出现在身体的不同部位，因此也有不同的应对之法和注意事项，不能盲目地用同一种方法对待各种出血或者骨折。

健身跑中的出血

健身跑中，一些不可预估的意外会导致身体出现不同的出血症状，如鼻子出血、血尿等。运动中的出血可轻可重，了解一些基本的应对方式非常重要。

◆ 鼻子出血

在健身跑中，意外导致的外伤、气候过于干燥以及跑步者鼻腔本身的疾病等都是引起鼻出血的原因。

> 跑步时鼻子出血，可改用嘴巴呼吸，用手捏住两侧鼻翼，压迫5分钟左右就可止血。将棉花球塞到鼻腔中，再用手压迫两边的鼻翼也是有效的止血方法。

> 鼻出血可轻可重，若出血量大且长时间血流不止，就需要尽快就医，一定不要盲目地使用一些药品。

健身跑中鼻出血的应对方法

◆ 血尿

跑步过程中，当剧烈的运动导致肾或者膀胱受到一定损伤时就会出现血尿。症状较轻的血尿一般肉眼分辨不出，可在显微镜下观察到，跑步者身体一般也没有什么症状。

肉眼可见的血尿较为严重，这时候应该停止继续跑步，如果12小时后还未有好转，则应该及时到医院检查和治疗。

为了预防血尿的发生，跑步者在跑步前要做充分的训练，运动强度不可过大。

骨折怎样判断？

身体某一部位出现骨折时会有剧烈的疼痛，受伤部位的外形可能会发生变化，如凹陷、凸起等。

若是四肢骨折，会出现受伤肢体缩短、弯曲或者折出一个角度，触碰会有剧烈的疼痛感。

在骨折时肢体会发出"骨擦音"。

健身跑中可能发生的骨折类型

跑步时的意外磕碰、摔撞等都有可能导致骨折。骨折发生在不同的位置需要采取不同的应对方法，应当重视。那么，我们怎样判断骨折呢？不同的骨折又需要怎样的应急方法呢？

◆ 颈部骨折

颈部骨折是运动骨折中比较严重的一类。

当发生颈部骨折时不要随便移动伤员，应尽快拨打急救电话向专业的大夫求助，在等待的时间里要不断观察伤者的状况，并让他保持呼吸畅通。

在必须要移动送医的情况下，一定要对伤者的颈部做好固定，以免移动的过程中出现移动而发生再次损伤。

特别提醒你的是，如没有医学经验，不要贸然移动伤者。

01 用毛巾、柔软的衣服等垫在伤者的脖子周围，以方便用木板或者其他硬质的工具固定伤处。

02 用木板等硬材料固定好伤处，保证伤处不会被移动或者触碰到。

03 如为了节省急救时间，确实需要移动伤者，请在专业医师指导下谨慎移动伤者，在往担架上移动伤者时应特别安排一些人分别小心地托住伤者的头颈部、腰部和下肢，将伤者平移到担架或门板等坚固平坦的工具上。

颈部骨折伤员的临场应对建议

◆ 四肢骨折

四肢发生骨折时要先处理好伤口，然后用木棍、木板等坚硬的东西固定骨折处。固定伤处的木板等材料要长于肢体，以免肢体移动时发生碰撞再次受伤。如无救治经验切勿贸然施救。

尽快联系医生，拨打急救电话，在医生的指导下帮助伤者稳定伤情，并等待医护人员前来。

◆ 肋骨骨折

肋骨骨折多发生在4~7肋，有时会出现多根、多处骨折。骨折时伤者会发生呼吸异常，严重者可发生呼吸衰竭、休克等症状。

跑步中，遇到有跑友发生肋骨骨折时，要让其保持呼吸畅通，并尽快拨打急救电话。同时，安抚伤者，让其安静地躺着不要乱动。

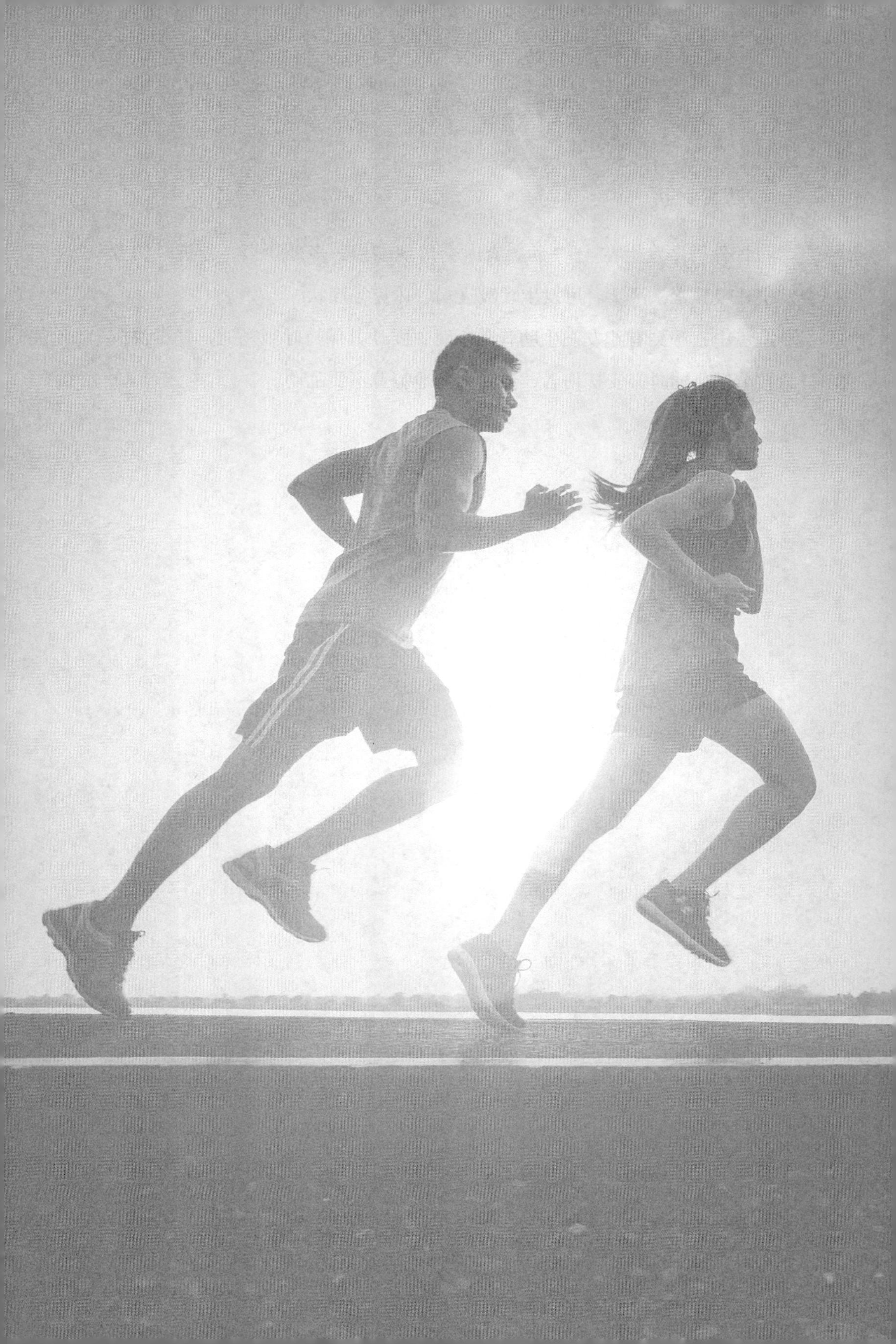

CHAPTER 5

第 五 章

长期跑者常见下肢损伤

你在跑步过程中，有没有出现过下肢损伤或者发生炎症的情况？这不仅会给你带来疼痛，也会让你不得不暂停跑步。这是不是令你很困扰？

健身跑中常见的下肢损伤有哪些？可以做些什么来减轻这种疼痛或者预防这些损伤呢？接下来，就让我们一起来一探究竟。

令人讨厌的各种炎症

试想一下,你像平常一样,在平整的道路上心情愉快地跑步,突然,下肢一阵疼痛袭来,你不得不停下脚步,是不是感觉很郁闷?

晨跑中的人

造成疼痛的原因的极有可能是炎症，一旦遇到了炎症，你就不得不暂停跑步，身体还会饱受疼痛的折磨。

在健身跑运动中，跑者的炎症多见于关节"衔接"处，主要是长时间的摩擦或压迫引起的，如跟腱炎、髌腱炎等。

健康贴士

炎症的"真相"

一说到炎症，很多人就会下意识皱眉，似乎炎症是一个猛兽，唯恐避之不及。比如慢性发炎的跟腱如果不加以治疗，跟腱功能就会慢慢开始退化。

但实际上，炎症是身体对损伤的自然反应，在短期之内，炎症负责救治损伤的细胞来促进康复。

跑步过程中，一旦身体出现炎症，就是对你发出的信号，一定要及时检查身体、调整运动健身计划，必要时停止健身跑。

跟腱炎

跟腱炎可能发生的部位有三个，分别是跟腱本身、跟腱和小腿肚之间、跟腱和骨骼的结合部。那么，该如何预防和改善跟腱炎呢？下面来了解一下。

◆ 跟腱炎的发生

发生跟腱炎后，你会感到大约在跟腱下方逐渐变细的地方有明显的痛感，有的人跟腱会变红，有的人会感到跟腱发热或者肿胀。

> 有痛感，有的人跟腱变红

> 有痛感，跟腱发热或肿胀

跟腱发生炎症的症状表现

健身跑时，小腿肚没有用力会大概率地引起跟腱自身发生炎症。

你在运动时，如果小腿肚的肌肉过于僵硬，容易出现膝关节在没有伸直的情况下强制对足部进行制动，会对跟腱产生强行拉伸，进而产生疲劳，最终发生炎症。

跑步时用力方法错误，可能导致跟腱被过度拉伸

跟腱发炎后如何改善呢？下面以右脚为例讲述几种行之有效的方法。

按揉脚掌：
用手握住脚尖和脚跟轻轻按揉，这样可以放松你的跟腱部位，减轻跟腱的拉伸感。

脚尖外转：
抬起你的脚尖，不要忘记将脚趾一起抬起，然后转动你的股关节，将脚尖转向外侧。你的跟腱会得到很好的放松。

单脚跳跃：
左脚着地之后，右脚连续跳跃两次，跳跃之后脚跟自然着地。这样做可以让你的右脚跟腱得到很好的放松。

跟腱炎的应对方法

◆ 跟腱和小腿肚之间的炎症

跟腱和小腿肚之间也会发生炎症，多发生在左腿上，在接近小腿肚的部分有灼热感。

小腿肚的股三头肌连接着大腿骨，所以某种程度上，它可以算作多关节肌。

第五章 长期跑者常见下肢损伤

如果运动过程中，在股三头肌放松时对跟腱进行强行拉拽，就很容易出现跟腱炎。

要缓解和减轻炎症引起的小腿疼痛，可以尝试按揉大腿肌肉、站立后踢腿等方法。

接近小腿肚的地方感到灼热，很可能是跟腱炎。

跟腱附近发生疼痛的跑步者

按揉大腿肌肉：
　　一只手握住大腿根，另一只手按揉大腿肌肉，仔细按揉大腿上方的肌肉。

站立后踢腿：
　　膝关节笔直，脚部向后抬起。需要注意的是，抬脚时脚尖要向前伸，膝关节保持在股关节的正下方。

跟腱炎引起的小腿疼痛的应对方法

科学跑步：健身跑如何远离运动损伤

◆ 跟腱和骨骼之间的炎症

脚跟的骨骼和跟腱连接处发生炎症后，会有针扎似的痛感，疼痛多见于脚跟处，在脚尖向外侧倾斜的跑步者身上很容易出现。

该处炎症形成的原因和膝关节上方的肌肉有很大关系，主要是因为膝关节上方的肌肉不平衡、过于僵硬造成的。

脚跟附近有针扎痛感，很可能是跟腱炎。

脚跟附近发生疼痛的跑步者

转动脚跟：
用手握住脚跟，一边用手向上提脚跟，一边向外侧转动。我们可以通过转动脚跟来减少疼痛感。

盘腿而坐：

左脚放在右脚的膝关节上，同时上半身前倾。这样做可以有效放松大腿根部的外侧肌肉群。

脚跟离地：

在右脚结束摆腿动作之后，迅速抬起左脚的脚跟。这样通过抬起脚跟来拉伸大腿前侧的肌肉，可以有效减轻疼痛感。

脚跟附近发生疼痛的应对方法

奔跑驿站

如何保护好我们的跟腱？

跟腱对保持身体平衡、进行奔跑和跳跃有着很重要的作用，因此要学会保护我们的跟腱。

- 健身跑前，提前热身，充分拉伸跟腱。
- 不要太疲劳，当你感到小腿开始僵硬时，最好停下来休息，让跟腱得到充分的休息。
- 加强腿部力量的训练。
- 注意保持正确的姿势和步伐。

科学跑步：健身跑如何远离运动损伤

髌腱炎

◆ 症状表现

你有没有这样的经历：跑步过程中，膝盖附近突然会有尖锐的刺痛，此时你不得不停下来休息，而当情况比较严重的时候，甚至上下楼梯都会疼痛。你以为你患了关节炎，其实不然，这种情况很有可能是患上了髌腱炎。

◆ 常见诱因

髌腱是膝盖中髌骨肌腱的简称，位于膝盖以下、胫骨顶端的位置处。跑步时如果膝盖突然承受大量的压力，就会压迫髌骨肌腱，导致其发炎，形成髌腱炎。

跑步过程中跳跃动作太多、跳跃太快、做了很多下坡动作等，都会增大患髌腱炎的风险。

髌腱疼痛

◆ **应对方法**

当髌腱发生炎症时，有没有什么方法可以改善这种情况呢？可以参考以下几种方法。

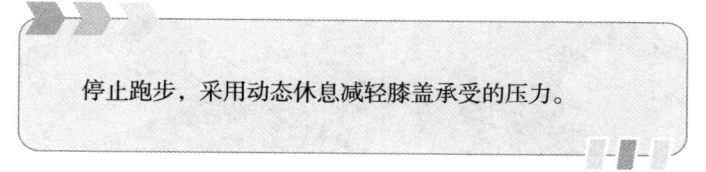

停止跑步，采用动态休息减轻膝盖承受的压力。

每天冰敷疼痛部位4～6次，每次不超过5分钟，可以有效缓解疼痛。

髌腱炎疼痛的应对方法

此外，使用泡沫轴（瑜伽柱）让肌肉放松，也是一个很好的方法。泡沫轴可以有效放松身体各部分肌肉。

科学跑步：健身跑如何远离运动损伤

利用泡沫轴缓解腿部疼痛

健康贴士

泡沫轴的妙用

泡沫轴是一个很好的运动器材，不要看它很柔软，它可以帮助你有效放松肌肉。

不管身体的哪个部位出现酸痛，都可以用它来缓解、放松身体的紧张部位。不仅如此，它还可以很好地锻炼身体的柔韧性，让肌肉得到很好的伸展，保持肌肉良好的柔韧度。

足部损伤

足底筋膜炎

◆ 症状表现

你有没有过这样的经历：长时间跑步后浑身酸痛，但最不舒适的是脚，尤其是脚后跟。第二天起床，自己明显感到脚后跟处于紧绷的状态，每走一步都很吃力。

为什么脚后跟会有紧绷、疼痛感？这其实是因为你在跑步过程中，足底筋膜或肌肉长期处于高负荷的状态造成的。如果长时间如此，很大可能会患上足底筋膜炎。

◆ 常见诱因

跑步时，足底筋膜可以拉动足弓，提高蹬地的力量；脚部着地时，足底

科学跑步：健身跑如何远离运动损伤

筋膜促进足弓恢复原来的形状。

如果足弓过于紧张，就会对足底筋膜产生较大的牵拉，时间过长，就会对其造成损伤，最后形成足底筋膜炎。

> 对于跑步时脚尖先着地的跑步者来说，他们的大腿直肌过于松弛，右腿不易伸直，因此患足底筋膜炎的概率相对更高一些。

脚尖着地跑步的人

◆ 应对方法

健身跑时，选择合适的鞋子是非常重要的，你可以选择带有足弓支撑结构的鞋子，减轻足弓的压力，以有效减少发生足底筋膜炎的概率。

模仿右脚足弓内侧踢球的动作，保持脚尖向外伸展，进行足弓踢球练习，也可以有效预防和改善足底疼痛。

01　把脚放在一个大小适当的球上滚动，给足底筋膜做按摩，这样可以放松足底筋膜。

02　用手指按压小腿肚，按摩比目鱼肌，有助于缓解腿部过于紧绷可能引发的足底筋膜炎。

03　双脚轮流放在比较稳定的物体上，脚尖下压，后背弯曲，拉伸腿后腱，改善足底筋膜炎。

预防和改善足底筋膜炎的方法

神经瘤

◆ 症状表现

脚心处忽然感觉灼痛，在跑步的时候这种痛感似乎蔓延开来，辐射到脚趾，这就是神经瘤的主要表现症状。如果在跑步过程中出现这些症状，要及时休息，停止跑步运动。

脚心处感觉到灼痛，辐射到3、4脚趾之间

严重者走路和休息都会疼痛

神经瘤的症状表现

◆ 常见诱因

神经瘤是足部的一条神经被加厚造成的现象，你可以想象为它是神经变粗引起的。

健身跑中，鞋子不合适，前脚被很紧的鞋子束缚住，此时很有可能导致神经压迫并摩擦韧带，进而引发炎症。

◆ 应对方法

既然神经瘤是因为前脚被挤压形成的，要改善它，就要有针对性，做到"对症下药"。

有效的应对方法有助于被加厚的神经"消肿"。

> 穿一双脚趾间更宽、有足弓支撑的跑鞋，避免让你的前脚在跑步时受到挤压。

> 尝试使用矫形器鞋垫。

神经瘤的应对方法

如果你的情况比较严重，换了跑鞋还是没办法缓解，就需要在专业的医生的建议下进行治疗。

科学跑步

健身跑如何远离运动损伤

踝部损伤

踝部扭伤

◆ **症状表现**

健身跑时,如果遇到地面不平,脚突然陷入了一个洼地,或者跑步姿势不平稳,都有可能扭伤踝关节。

脚踝扭伤后,脚踝处会有明显的疼痛感,伴有一些肿胀感,走路有些困难。

如果脚踝疼痛难忍,踝关节有明显的压迫痛感,就属于较为严重的脚踝扭伤。

轻者脚踝稍微肿胀,走路困难

重者脚踝韧带损伤,不能走路

脚踝扭伤的症状表现

◆ 常见诱因

如路面坑洼不平、路面上有小石子等，都很容易造成踝关节扭伤。

如果跑步之前没有进行充分的热身，特别是踝关节没有充分舒展，也很容易发生扭脚。

◆ 应对方法

跑步过程中，脚一旦发生扭伤，首先要做的事情就是抬高踝关节，有条件的可以立即冷敷（注意每隔十几分钟暂停冷敷，数分钟后继续冷敷，重复3～5次）。

冷敷脚踝

如果踝关节扭伤严重，疼痛感剧烈，应立即寻求专业医生的帮助。

> **健康贴士**
>
> **巧用冷敷和热敷**
>
> 在生活中，时常听到脚扭伤了、韧带拉伤了，总会有人说，拿毛巾敷一下，但冷敷和热敷可不能任意来，需要分清楚情况。
>
> 那什么时候该用冷敷，什么时候又该用热敷呢？
>
> 急性损伤或是刚受伤用冷敷，因为冷敷可以迅速让充血的地方冷却，减少出血和发炎的可能，而热敷可以加速血液循环，起到消肿、消疲劳的作用，用于慢性炎症。

脚踝肌腱炎

脚上有很多重要的部位，它们共同协作才能让你跑得更加顺利。

在我们人体的踝关节骨骼下面、踝关节外侧有两条肌腱，如果它们一旦发生炎症，就会打乱你的跑步计划，让你遭受疼痛。

◆ 症状表现

跑步时，踝关节骨骼以下、踝外侧有明显的疼痛感；如果停止跑步，这种疼痛感会有所减轻。

科学跑步：健身跑如何远离运动损伤

◆ **常见诱因**

肌腱的位置比较特殊，当你不断重复摩擦脚踝关节处的骨骼时，它们就有可能发炎，发生肿胀。

在倾斜的地面上奔跑，踝关节被迫向外延伸，脚踝肌腱不断摩擦。

跑步时把压力加在后脚外侧，脚踝关节处摩擦增大。

斜坡上跑步的人

◆ **应对方法**

如果你的脚踝肌腱已经发炎，在谨遵医嘱的情况下，还能做些什么来减轻症状呢？你可以尝试以下方法。

第五章　长期跑者常见下肢损伤

冷敷疼痛的部位10分钟左右，每天4～6次。这样做可以减轻脚踝肌腱炎的疼痛感，加速肌腱的恢复。

使用泡沫轴放松肌肉，消除肌肉紧张；加强肌肉核心力量的训练，通过延伸肌肉和肌腱，让我们的肌腱更加强壮。

脚踝肌腱炎的应对方法

你也可以尝试直腿小腿拉伸和弯腿小腿拉伸，这样也可以帮助你恢复脚踝肌腱的损伤。

拉伸小腿

科学跑步

健身跑如何远离运动损伤

膝关节损伤

跑步膝

◆ 症状表现

跑步膝,也称"髌骨关节膝关节疼痛",伤痛的地方位于膝盖,准确地说是位于膝盖骨下方。患有跑步膝的人上下楼梯时,感觉非常痛,在跑步之后,这种疼痛会加剧。

膝盖有明显的痛感

跑步时膝盖疼痛加剧

跑步膝的症状表现

科学跑步：健身跑如何远离运动损伤

◆ 常见诱因

当髌骨在跑步过程中偏离了基准线，髌骨以下的软关节就会慢慢发炎，最终形成跑步膝。

有哪些因素会使我们患上跑步膝呢？如下图所示。

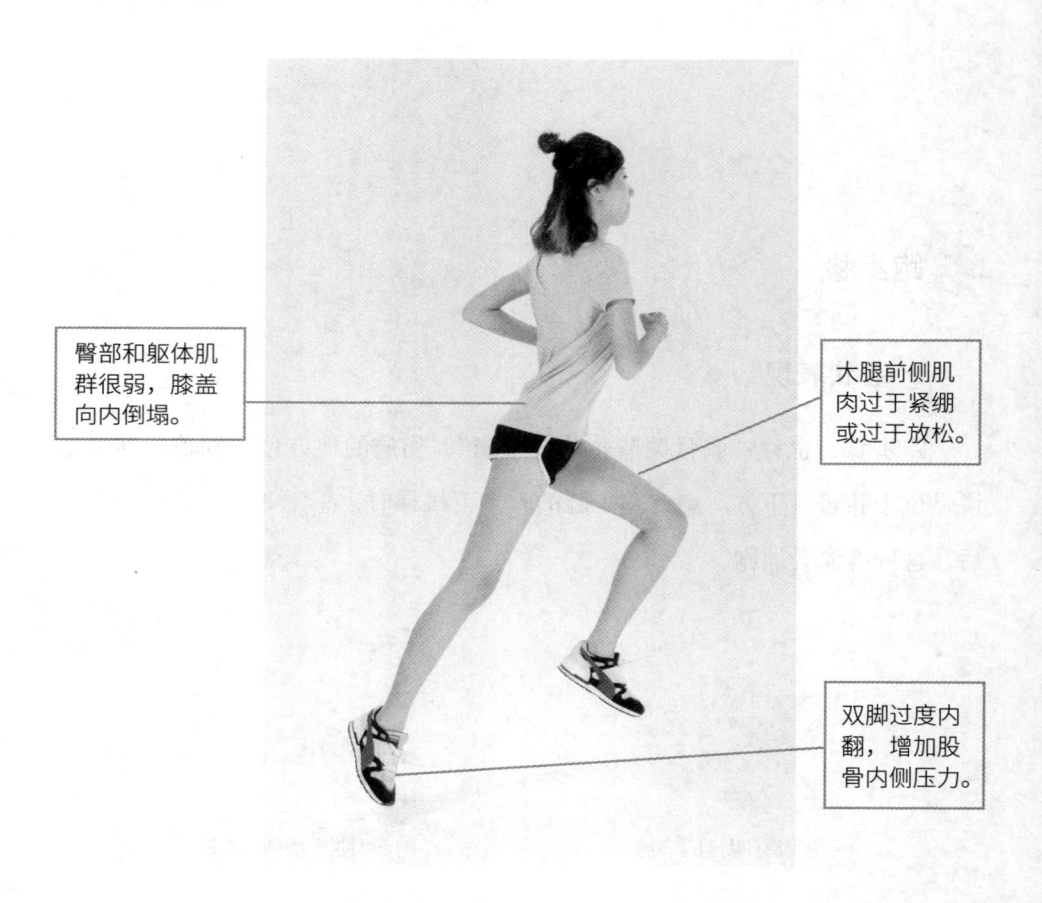

臀部和躯体肌群很弱，膝盖向内倒塌。

大腿前侧肌肉过于紧绷或过于放松。

双脚过度内翻，增加股骨内侧压力。

患上跑步膝的诱因

◆ 应对方法

针对髌骨发炎，可以采取以下方法缓解不适。

> 进行增强式跳蹲，强化你的肌肉群，包括大腿前侧肌肉、臀部、躯干的肌肉。

> 每天冰敷不适部位4～6次，每次10分钟。

> 坚持正确的跑步姿势。更快、更短的跨步可以帮助你减少跑步过程中对腿部施加的压力，尽量不要内翻。

跑步膝疼痛的应对方法

膝关节炎

◆ 症状表现

膝关节炎的症状很明显，那就是在做很多关于膝关节移动的动作时，你都会感到疼痛、肿胀和僵硬，比如走路、跑步、上下楼梯等。

◆ 常见诱因

膝关节炎主要是由关节内层（透明软骨）的磨损和骨与骨之间的摩擦导致的。

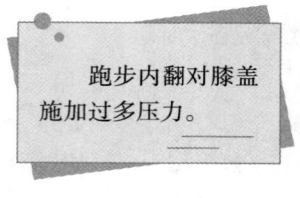

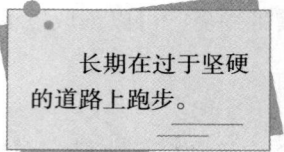

科学跑步：健身跑如何远离运动损伤

> 跑步内翻对膝盖施加过多压力。

> 长期在过于坚硬的道路上跑步。

> 跑步姿势不正确，膝关节过度承受运动负荷。

> 与普通跑者相比，肥胖、年龄（大）也可能是诱发膝关节炎的原因。

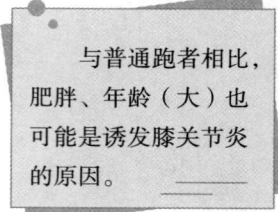

膝关节炎的常见诱因

◆ 应对方法

如果你的膝盖已经发炎，在谨遵医嘱的情况下，还能做些什么来减轻症状呢？你可以尝试以下方法。

> 保持常规运动，减缓磨损，优先选择对膝盖影响很小的运动，比如游泳。

182

第五章 长期跑者常见下肢损伤

> 在比较柔软的道路上跑步，减轻地面对膝盖的冲击力。

> 使用泡沫轴保持肌肉放松。

膝关节炎的应对方法

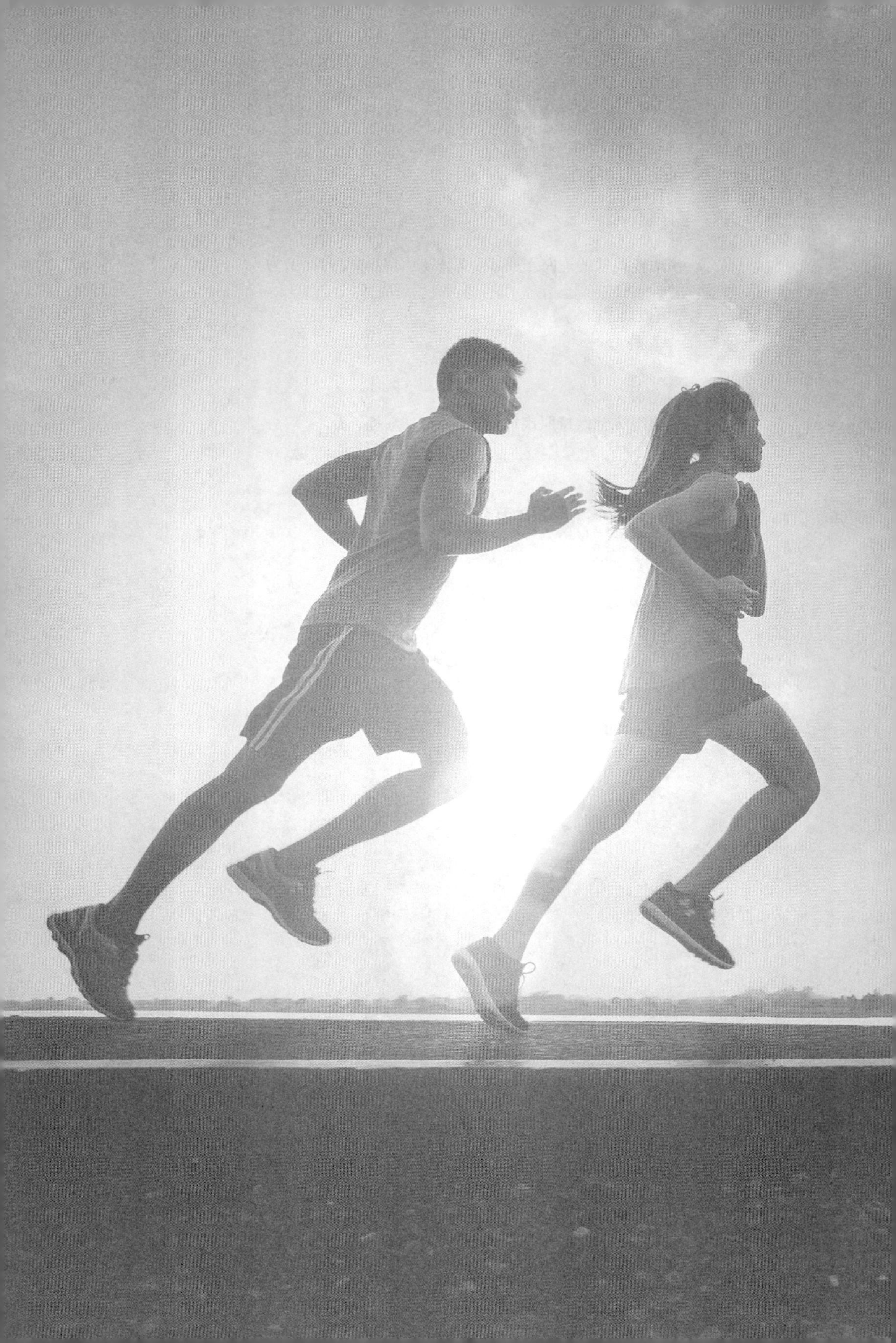

CHAPTER 6

第 六 章

跑步引发的身体其他部位损伤

健身跑是一项全身参与的健身运动，因此，你应该对自己的身体做好全方位的防护，不能让运动损伤有一丝"可乘之机"。

健身跑期间，不仅要做好损伤预防，还要清楚当你的身体发生损伤后应该如何正确应对。你了解的损伤知识越多，越能给你带来更多的跑步安全感，并帮助你随时对抗损伤、远离损伤。

小腿损伤

常见诱因

拥有修长有力的小腿是非常让人羡慕的,在参与健身跑时,强健有力小腿会让你的蹬地、腾空更轻松、更敏捷。

小腿损伤的跑者

科学跑步：健身跑如何远离运动损伤

小腿损伤在跑步运动中比较常见，而在小腿损伤中，拉伤是小腿损伤概率中较大的一种损伤方式。那么，小腿拉伤通常是怎么发生的呢？

在健身跑前，如果你没有做好充分的准备（技术动作和热身），脚突然离地且肌肉无法支撑这一爆发力，小腿就容易拉伤。

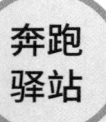

奔跑驿站

小腿拉伤的三个级别

一级拉伤：轻微拉伤。受伤时，小腿有一阵一阵的痛感，在之后的2～5天中会时常感觉不舒服及紧绷。

二级拉伤：中度拉伤。受伤时，小腿有尖锐的痛感，连走路都疼。受伤的部位可能伴随肿胀或淤青。

三级拉伤：严重拉伤。受伤时，小腿有剧痛感，其多发在小腿的V字形处，即肌肉与跟腱的连接处。此时，跑步者的伤处可能会出现肿胀和淤青，尽量不要随意触碰。

如果你在跑步中遭遇了小腿拉伤，可以参照各个级别中提到的症状，及时采取有效的应对措施。

应对方法

很多跑友的经验告诉我们，小腿拉伤初期，症状可能并不明显，但这并不意味着你可以忽视它。

针对小腿拉伤，你应该时刻做好预防，并提高警觉，第一时间发现损伤，并及时采取正确的应对方法。

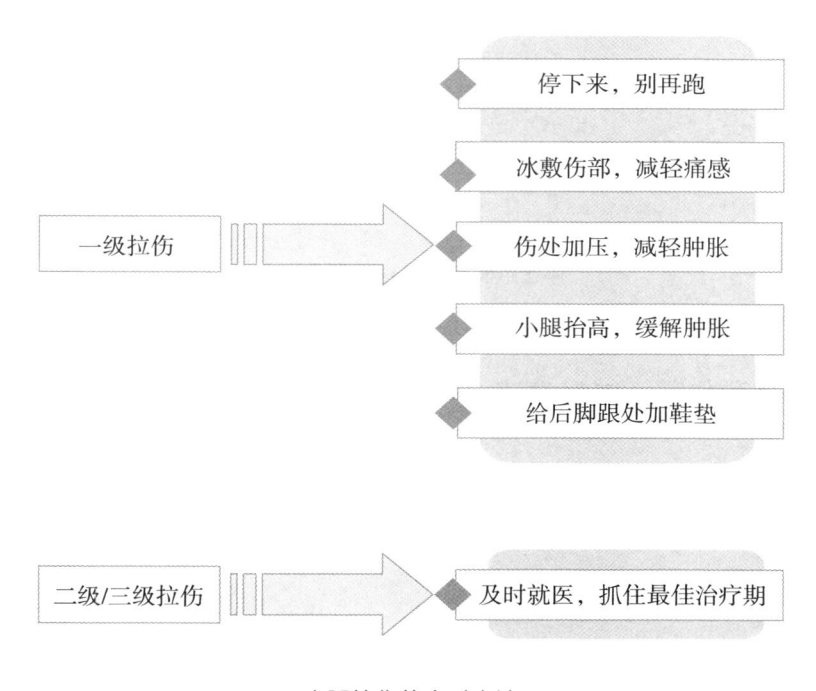

一级拉伤：
- 停下来，别再跑
- 冰敷伤部，减轻痛感
- 伤处加压，减轻肿胀
- 小腿抬高，缓解肿胀
- 给后脚跟处加鞋垫

二级/三级拉伤：
- 及时就医，抓住最佳治疗期

小腿拉伤的应对方法

◆ 停下来，别再跑

当你在跑步的过程中突然觉得小腿不适，并怀疑是拉伤时，要立即停止跑步。

小腿拉伤后的"停下来"并不是意味着你的身体需要完全静止、平卧休息，你可以选择积极性休息，如上半身的有序活动与练习，这样不仅能促进身体的血液循环，也能暂时转移你的注意力，缓解腿部不适。

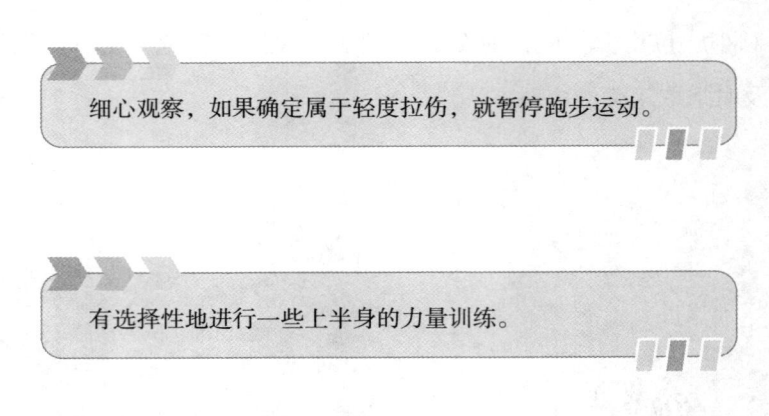

> 细心观察，如果确定属于轻度拉伤，就暂停跑步运动。

> 有选择性地进行一些上半身的力量训练。

停止跑步后的积极性休息方法

◆ 冰敷伤部，减轻痛感

冰敷是很多肢体损伤都可以用到的办法，它可以有效地缓解伤处的疼痛和肿胀。

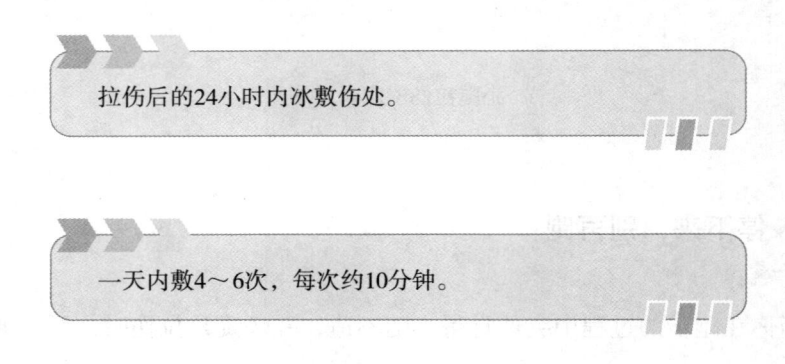

> 拉伤后的24小时内冰敷伤处。

> 一天内敷4～6次，每次约10分钟。

小腿拉伤冰敷的方法

冰敷能有效减轻小腿拉伤的疼痛，同时也是消除炎症、避免痉挛的有效方法。

冰敷小腿

◆ 伤处加压，减轻肿胀

对于受伤处的加压，也是跑步者可以自行处理轻微拉伤的一种方法。

拉伤的24～48小时，对伤处加压，减轻肿胀。

可以用一块塑料包裹伤处，注意不可以绑得太紧。

伤处加压的方法

科学跑步：健身跑如何远离运动损伤

◆ 小腿抬高，缓解肿胀

抬高小腿这一动作虽然简单，但对处理轻微小腿拉伤有很大帮助。

在小腿拉伤的最初48小时里，将小腿放在高处。

小腿抬高的高度要超过臀部，约10~15分钟后平放休息一会，再尝试抬高，反复几次进行。

抬高小腿缓解肿胀的方法

◆ 及时就医，及时治疗

如果上述方法无法缓解你的症状和疼痛，或者你无法判断自己的伤情究竟如何，或者伤后感到疼痛难忍，不要犹豫，你应该及时、迅速地寻求医生的帮助。

认真听取医生的建议和叮嘱，并配合医生积极治疗，你的伤情一定会有所缓解，一定很快就能在户外再次看到你矫健奔跑的身影。

第六章 跑步引发的身体其他部位损伤

小腿拉伤后简单处理后应及时就医检查

健康贴士

有效预防小腿损伤的方法

有效预防小腿损伤，以下方法值得参考。

- 跑前，要有充足的休息时间。
- 跑步时，要保证注意力集中，运用合理的跑步技术，防止损伤。
- 跑步期间，膳食合理，不可空腹参加跑步。

科学跑步

健身跑如何远离运动损伤

髋部和骨盆损伤

髋部损伤

健身跑中，髋部损伤并不多见，但也不容忽视，了解科学预防与应对髋部损伤的知识也是非常必要的。

你在健身跑时，有没有关注过自己的髋部？在跑步过程中，跑步者往往更关注腿而不是髋部。髋部易被忽视，但并不代表它不重要。

在健身跑过程中，髋骨发挥着强大的支撑作用。

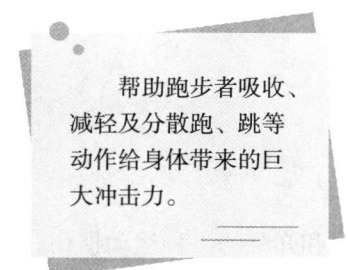

帮助跑步者吸收、减轻及分散跑、跳等动作给身体带来的巨大冲击力。

为各种动作的衔接提供柔韧支撑。

健身跑中髋骨的支撑作用

科学跑步：健身跑如何远离运动损伤

> 健身跑中髋骨为身体提供支撑，缓解地面冲击力，并维持身体平衡。

跑步时髋部运动情况

◆ **髋关节弹响综合征**

髋关节弹响综合征也是跑步者应该了解和知晓的一种运动损伤。

> 跑步时感觉明显的步态异常和疼痛。

> 跑步时，感到髋部疼痛或者活动时失去稳定性。

> 在走路或者髋关节被动活动时，髋部关节发生弹响。

> 旋转髋部的过程中，发出弹响并伴随疼痛。

识别髋关节弹响综合征

髋关节弹响综合征的治疗方法主要是休息和积极就医。跑步者一旦患上髋关节弹响综合征，首先应该尽可能避免一切与髋部相关的活动，然后立即就医，接受医生的治疗。

那么，跑步者该如何尽量避免髋部损伤呢？避免髋关节损伤的有效方法是，在跑步前进行适当的柔韧性训练和牵拉活动。

◆ 髋关节脱位

髋关节脱位是一种严重的运动损伤，在跑步过程中，如果髋部突然遭到了很大的压力，就有可能会出现这种情况。

健身跑过程中，如果遇到有跑友发生了髋关节脱位，或者你无法准确判断对方的髋部伤情，一定不要急于挪动伤者，应及时拨打急救电话，在医生的指导下简单处理伤情，并安抚伤者，等待医生的到来。

科学跑步：健身跑如何远离运动损伤

> 髋部有剧烈、明显的疼痛，髋关节无法动弹。

> 肢体缩短，髋关节呈屈曲、内收、内旋等状态。

> 伤者的臀部能看到或摸到脱出的股骨头。

> 可伴随有坐骨神经的损伤、髋部皮肤挫伤等症状出现。

识别髋关节脱位

如果不幸发生了髋部损伤，及时接受专业医生检查和治疗后，应遵医嘱，不要急于重返跑道奔跑。

损伤恢复期内，不要做任何需要髋关节承重的活动，咨询医生的建议后可以做一些恢复性活动。

骨盆损伤

对任何人来说，骨盆损伤都是非常严重的外伤。通常，造成骨盆损伤的原因是对骨盆造成暴力性的挤压。跑步者不管因为什么原因而造成的骨盆损伤，都要进行紧急处理，及时拨打120求救。

健康贴士

女性跑者更容易发生盆骨损伤吗?

相较于同龄的男性来说,女性跑者,尤其是闭经女性跑者,容易出现骨质疏松症,盆骨更脆弱,因此同样的情况下,女性跑者盆骨受伤的概率会相对更高一些。

如果你身边有热爱跑步的亲朋好友患有骨质疏松症,要提醒他/她尽量避免靠骨盆发力较多的运动。如果有缺钙的情况,就要及时补钙,并减少长跑的频率。

科学跑步

健身跑如何远离运动损伤

其他部位损伤

胸部损伤

呼吸对于跑步来说是非常重要的，跑步者如果能很好地控制呼吸节奏，跑的速度和效率就会比较理想。然而，如果跑步者不会调整呼吸，就有可能引发胸部的不适，甚至是损伤。

◆ 换气过度

换气过度，可以简单理解为，跑步者在跑步过程中不能很好地调整自己的呼吸，呼吸的深度、速度、频率等超过正常呼吸的范围。

换气过度，可导致跑者体内血液中的二氧化碳含量过低。

那么，什么人容易出现换气过度呢？

科学跑步：健身跑如何远离运动损伤

- 日常呼吸中呼吸频率快的人。
- 患有糖尿病的健身跑爱好者。
- 患有其他影响呼吸的疾病的人。

换气过度的易发人群

换气过度时，跑步者会有一些典型的症状，准确认识这些症状可以帮助你及时识别换气过度现象。

- 头晕
- 嘴唇和手指、脚趾麻木
- 四肢肌肉缩紧
- 头晕、意识不清

换气过度的症状表现

一旦发生上述症状，跑步者应立即调整自己的跑步节奏与呼吸。

◆ 运动性哮喘

提到哮喘，或许你并不陌生，它是一种呼吸道至肺部的慢性炎症。哮喘的诱因多且复杂。

健身跑中，呼吸不当，也会诱发运动性哮喘。

发生哮喘的感觉，就像呼吸只能靠一根吸管来进行一样，用力呼吸，还是感觉供氧不足。

出现运动性哮喘后，跑步者的支气管会发生痉挛，而且气道突然变窄，会导致呼吸困难，需要跑步者不停换气才能舒服些，所以跑步者会不自主地加速呼吸，试图可以吸足一口气。

胸闷、气短

连续、不自主地咳嗽

呼吸急促、困难

口腔、呼吸道黏液变多

运动性哮喘的症状表现

对于健身跑爱好者来说，运动性哮喘多发生在冬季。长时间的运动与低温很容易使跑步者的气道发生渗透压变化和血管应激变化，这与跑步者跑步过程中吸入大量过敏原和寒冷空气有关。

健身跑过程中，如果发现有同伴出现运动性哮喘，一定要冷静处理。

> 停止跑步，身体坐直。

> 调整呼吸，引导跑步者鼻子和嘴巴并用呼吸（鼻子吸气、嘴巴呼气），再逐渐过渡到鼻呼吸。

> 与伤者交谈并鼓励其调整好呼吸频率，使其尽量放松。

> 帮助伤者调整好呼吸的过程中，他/她可能会咳出粘液，所以要协助其身体前倾及时排出黏液。

> 发现伤者病情有恶化趋势，尽快拨打急救电话或立即送医救治。

运动性哮喘的应对方法

腰背部损伤

◆ 下背部肌肉痉挛

当你在长跑中突然感觉肌肉虚弱或紧张,难以沿着一条直线跑步或者感觉腰部有被拉动的感觉时,就可能是发生了下背部的痉挛。

奔跑驿站

下背部痉挛是怎么发生的?

人的身体之所以会出现下背部痉挛,主要是因为有一个重要的肌肉组织——脊旁肌遇到了状况。

人体中最强壮的部分大概是脊旁肌(分布在脊椎两侧,从臀部到颅底)。人之所以可以自由地移动、转动、弯曲脊椎,就是因为有脊旁肌的带动。在跑步时,这些组织的正常运转可以使人的上半身笔直,而当它们变得虚弱或紧张时就会发生下背部痉挛。

如果在健身跑过程中,遇到跑友或者自己发生了下背部肌肉痉挛,不必太过担心,保持冷静,并积极采取有效措施。

> 保持运动、慢慢移动，缓解痉挛，并防止肌肉失去调节能力。

> 不要直接躺下，不要急于缓解痉挛带来的疼痛而蜷缩身体。

下背部肌肉痉挛的应对方法

此外，在发生下背部肌肉痉挛后，有条件的跑者可以到健身站点寻求帮助；有经验的跑者可自行进行冰敷和热敷，这两种方法结合起来，也能有效缓解下背部肌肉痉挛带来的身体不适。

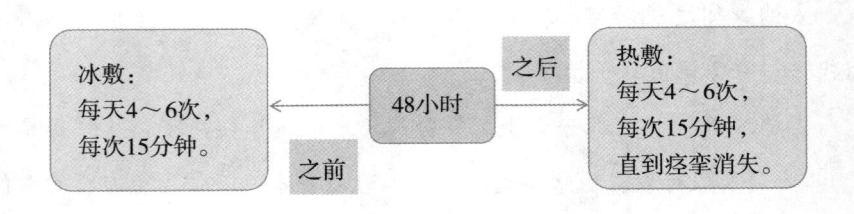

| 冰敷：每天4~6次，每次15分钟。 | 之前 → 48小时 → 之后 | 热敷：每天4~6次，每次15分钟，直到痉挛消失。 |

冷敷与热敷

◆ 骶尾骨挫伤

你是否遇到过健身跑中跌倒的情况？跌倒在日常生活中时有发生，在健身跑中也会偶尔出现。

健身跑过程中，当路面不平整、鞋子不适合、受到碰撞时，都会导致跌倒摔伤。如果摔倒的瞬间，骶尾部软组织先着地，在较强的冲击力下就很可能导致骶尾骨挫伤。

骶尾骨挫伤后，会有明显的疼痛感，坐着的时候更疼，用手触碰也会有痛感。

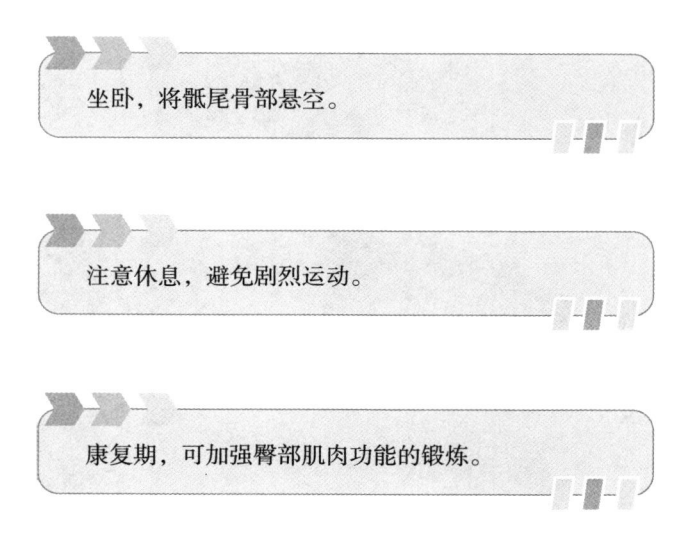

> 坐卧，将骶尾骨部悬空。

> 注意休息，避免剧烈运动。

> 康复期，可加强臀部肌肉功能的锻炼。

骶尾骨挫伤的应对方法

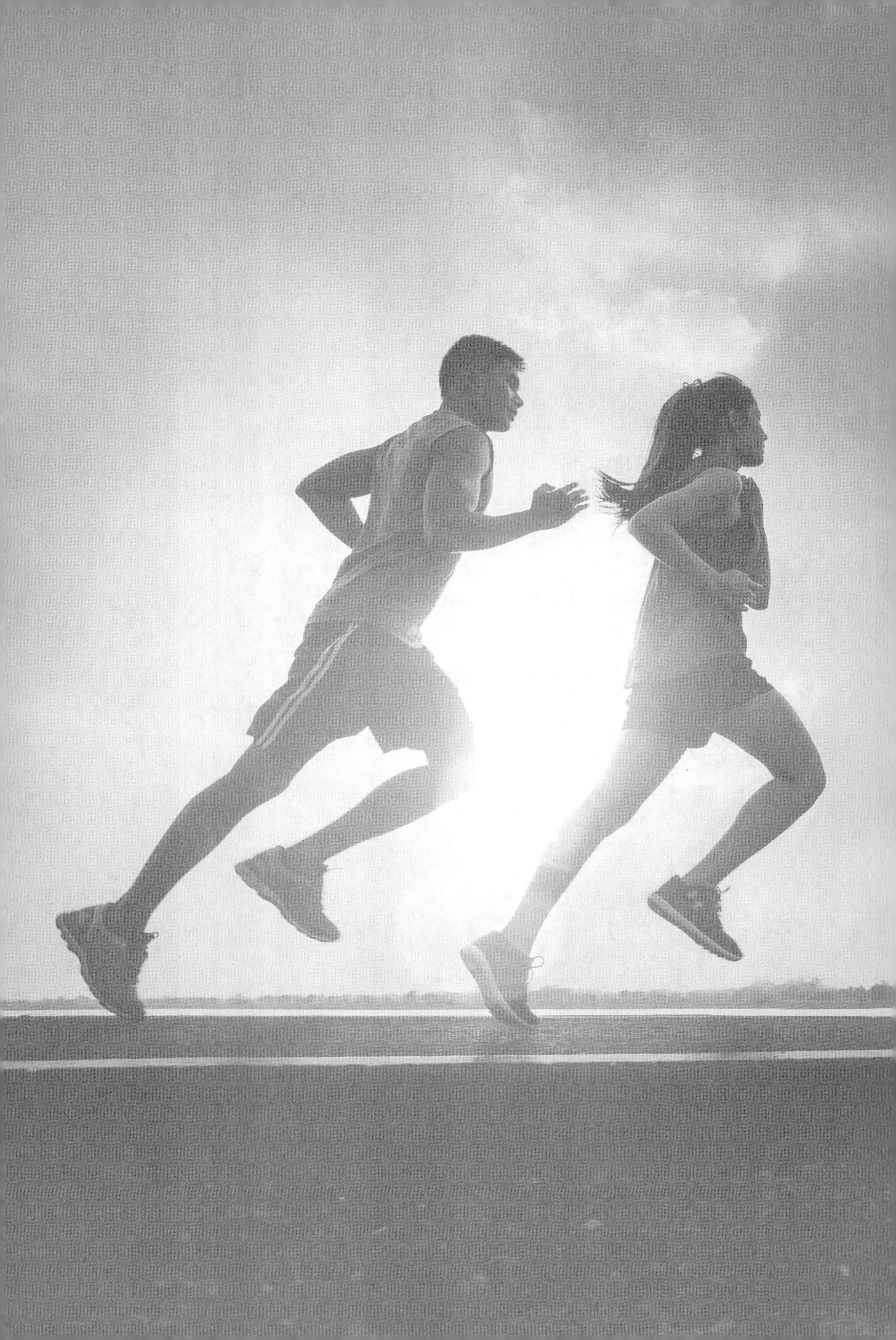

CHAPTER 7

第 七 章

跑步损伤后应该做的正确事情

俗话说，病后需"三分治，七分养"，这一道理也适用于跑步损伤。

当运动损伤发生后，我们应该怎样积极、正确地应对呢？除了积极的自救和专业医学治疗外，还应如何合理调整身体活动与休息？良好的运动康复需要做哪些事情？为了重返跑道，并避免再次受伤，如何制订科学的健身跑运动计划？接下来为你答疑解惑。

必要的休息是正确的选择

毫无疑问,受伤后,无论伤情大小,你都应该得到合理和必要的休息。

需要特别说明的是,这里所说的"休息",并不是要求你躺在床上一动不动,休息可以是静止的休息,也可以是运动状态下的积极性休息。

采用不同的方式休息,能让你放松身心、消除疲劳、促进身体康复并恢复到伤前的运动能力与水平。

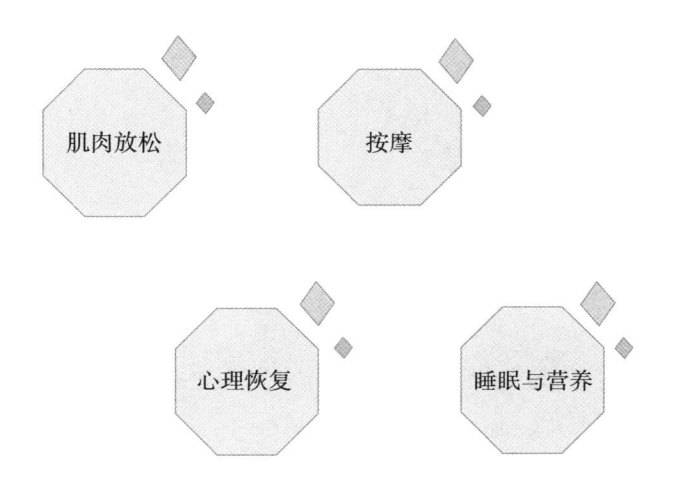

肌肉放松　按摩

心理恢复　睡眠与营养

多样化的休息方式

科学跑步：健身跑如何远离运动损伤

让身体感到舒服的肌肉放松

长时间的跑步会使身体的肌肉处于紧张状态，因此当跑步结束之后就需要对肌肉进行科学的减压，也就是放松身体肌肉，以避免产生肌肉损伤。

放松上肢：
　　两腿自然分开并稍作弯腰姿势，上肢自然前倾下垂，两手臂伴随两肩进行抖动，维持约60秒，直到两臂感到发热。在抖动两臂的同时，手指和手腕也可以稍作活动。

放松下肢：
　　以仰卧姿势躺在平坦的地方，两腿向上高举，并用双手对其进行拍打、按摩。两脚脚尖稍微用力，带动小腿和大腿进行颤动，顺势带动臀部、腰部及腹部等下肢的颤动。

肌肉放松

有效的放松——按摩

◆ 常见按摩手法

按摩就是按照一定的操作要领对身体各部位进行揉捏、安抚。

第七章 跑步损伤后应该做的正确事情

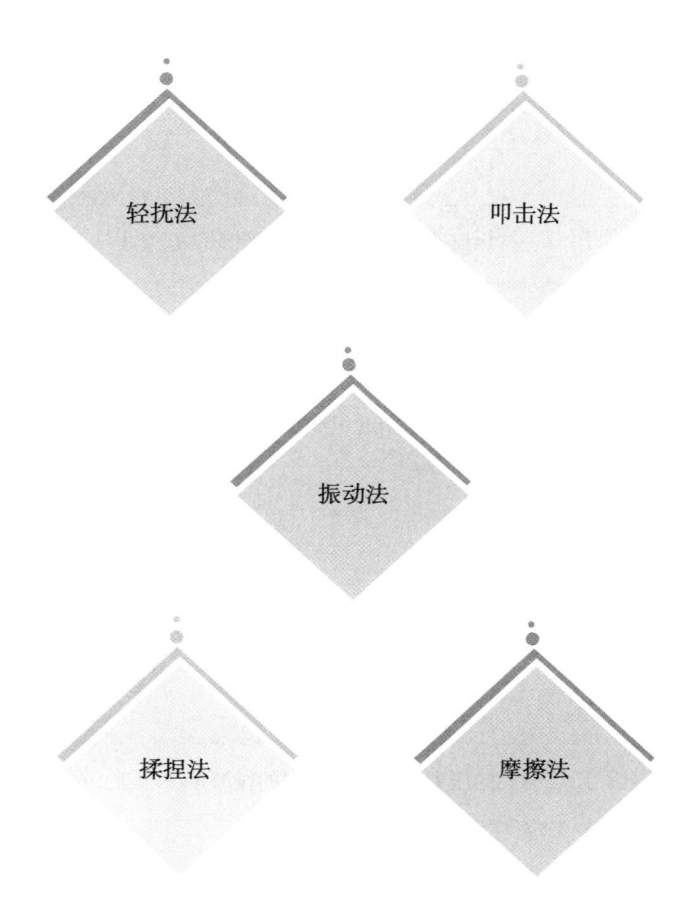

- 轻抚法
- 叩击法
- 振动法
- 揉捏法
- 摩擦法

常见按摩手法

不同的按摩手法可以针对不同的身体部位进行按摩，针对同一身体部位的不同按摩手法的作用不同。结合需求，可以灵活运用不同按摩方法。

轻抚法：用手掌平滑且有节奏地抚摸身体组织的按摩手法。

揉捏法：用双手挤压皮肤、肌肉和筋膜等组织的按摩手法。

振动法：用手指或手掌施力引起组织颤抖或摇晃的按摩手法。

叩击法：对身体组织进行轻轻击打的按摩手法。

摩擦法：用足够大的压力抵达深层组织的按摩手法。

不同按摩手法的操作方法

◆ 全身按摩与局部按摩

按摩可以帮助你的身体消除疲劳，并恢复神经调节功能，促进身体能量恢复。

健身跑后，可以结合自己的需要决定是否按摩以消除疲劳和缓解疼痛，视情况决定选择全身按摩或是局部按摩。

表 7-1　全身按摩与局部按摩的对比

按摩方式	全身按摩	局部按摩
按摩时间	训练后的 2.5~3 小时。	训练进行中。 训练后的 20~30 分钟。
按摩准备	俯卧在垫子上，调节呼吸，全身放松，由别人完成按摩。	调节呼吸，全身放松，由别人或者自己完成按摩。
按摩顺序	依次按摩肩部、背部、腰部、大腿、小腿等的肌肉和韧带；点按"合谷""足三里""肾俞"等穴位。	进行轻推摩，擦摩，揉捏，按压及叩打，同时配合局部抖动和被动活动，手法根据部位进行变换。

◆ 不同部位的按摩

这里简单介绍身体不同部位的常用按摩方法，仅作为日常活动疲劳的缓解方法。如果你想要通过按摩来有效缓解运动性疲劳和酸痛，建议接受专业医师的按摩治疗。

脚掌按摩：大拇指轻按脚掌，力道适中。

脚背按摩：手稍用力使脚趾朝脚心处弯曲，反复弯曲和伸张。

小腿肚按摩：一只手扶住膝前，另一只手抓住小腿肚，从上到下揉捏腿肚。

科学跑步：健身跑如何远离运动损伤

大腿前侧按摩：用手对大腿前侧肌肉进行轻轻按压、揉搓。

大腿后侧按摩：双手在大腿后侧交握，两手拇指发力按摩后侧肌肉。

腰部按摩：两手握拳，轻轻敲腰部，放松腰部肌肉。

不同部位的按摩方法

需要特别提醒你的是，不同的人、不同的运动损伤、不同按摩方法等都会影响按摩感受和效果，切勿随意按摩。

健康贴士

温水洗浴可以有效缓解运动疲劳

奔波了一天，回家洗个温水澡，会让人感觉整个人都很清爽舒适。

用温水沐浴，可以加速血管的扩张，加速人体新陈代谢和血液循环，促使体内营养物质的运输与代谢物的排出，对神经系统和心脏活动都有镇静作用，从而很快消除疲劳。

夏天跑步回来的你一定是大汗淋漓，你可能会想立即冲进洗澡间冲个舒服的凉水澡。其实，这种想法和做法是错误的。

跑步后应该让身体休息40分钟以上，等身体真正平静下来以后再去淋浴；同时，水温一定要控制在和体温差不多的温度，不要过高或过低。

充足的睡眠与全面的营养

充足的睡眠和全面的营养补充可以为你储蓄身体能量，并促进运动后的能量与运动水平恢复。

◆ 充足的睡眠

充足的睡眠对身体健康是非常重要的，健身跑期间，更要保证自己的睡眠充足。

需要特别提醒你的是，充足的睡眠可不是指睡觉的时间越长越好，而是必须要兼顾睡眠时长和睡眠质量。

对于成人来说，每天要保证有 8 小时的充足睡眠，并且至少 3 小时左右应处于深度睡眠状态。

◆ 全面的营养

身体健康离不开全面的营养支持，不管你是否参与健身跑，都要重视营养摄入，健身跑期间，更要有针对性地补充营养。

有些人参与健身跑是为了减肥，一方面大量运动，另一方面又苛刻地控制饮食，这种方法并不可取。

对于跑步者来说，吃得营养，能让你保持健康。预防疲劳或消除疲劳也能通过合理膳食来实现。跑步者在跑步后应该注意对能量、维生素等的补充。另外，因为处在恢复阶段的消化机能还比较弱，所以要尽量选择营养丰富且易于消化的食物，多吃蔬菜、水果。

在天气炎热的时候参与健身跑，要注意矿物质和水的及时补充。

科学跑步：健身跑如何远离运动损伤

丰富美味的饮食能为身体带来充足的营养

不可忽视的心理恢复

健身跑后，不仅身体会感到疲惫需要调节，心理也需要调节和恢复，良好的心情有助于你更好地投入下次健身跑中。

健身跑后，可以找一个让自己感到非常舒服的环境，全身放松，呼吸均匀，注意力集中，用心感受你的呼吸和健身跑后的身体变化，享受健身跑后的畅快淋漓的舒适感。

享受跑步，放松心情，才能真正收获健康！

科学跑步

健身跑如何远离运动损伤

伤后康复训练

发生跑步损伤后，可以通过康复训练减轻疼痛，加速损伤修复，预防与减少跑步损伤带来的并发症与后遗症，使你尽快回归到正常的生活、工作中。

一般的，身体出现损伤后会经历三个阶段，在不同的阶段，康复训练都具有重要的损伤修复作用。

急性期 康复训练可以加速身体血液循环，利于消除肿胀；保持必要的肌肉收缩活动，避免肌肉力量减退与萎缩。

亚急性期 康复训练可以强化损伤后新生的组织，缓解新生组织给机体带来的压力；可以提高受损肌肉的柔韧性和关节的活动度。

慢性期 康复训练利于新生组织的成熟与重塑，使其尽快恢复到之前的状态；利于增强跑步者受损肌肉的力量；利于改善肢体的协调控制能力。

跑步损伤后的不同阶段进行康复训练的作用

康复训练对损伤修复是有利的，损伤后一定要对自己的损伤修复有信心，在专业医生的指导下接受科学有序的康复训练，这样才能帮助你很快恢复身体健康和运动活力。

伤后不怕，康复训练帮你恢复

跑步损伤的热疗方法

热疗属于典型的热学治疗方法，你可以将它简单理解为一种通过将稍高于体温的物体放置在受伤部位附近，以促进身体血液循环的一种康复方式。

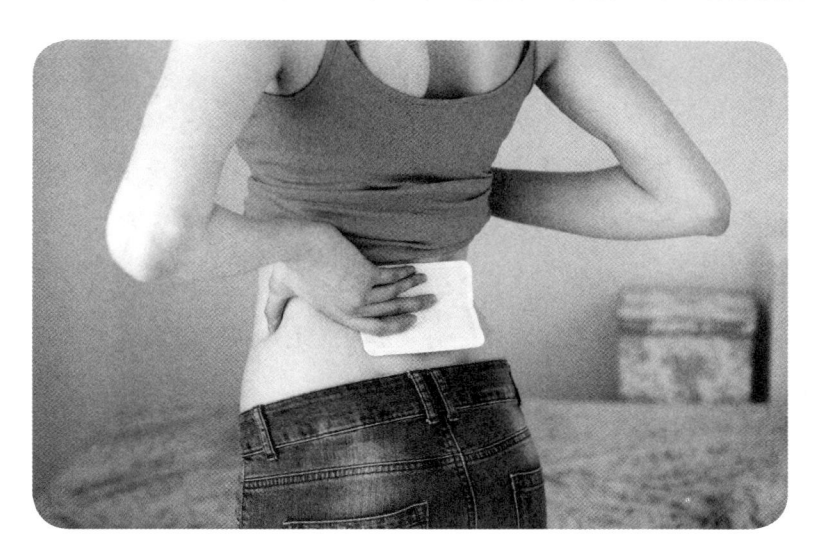

腰部热疗

科学跑步：健身跑如何远离运动损伤

提到热疗，你或许感到有些陌生，但是热疗的一种重要方法——热敷，你一定非常熟悉。

热敷是热疗的一种常用方法。例如，当你用热毛巾敷在疲劳或损伤部位时，毛巾的热度会帮助损伤组织的温度升高，对血液的流动和组织的延展性都有很大好处，可以有效增强肌肉或关节的活动度、减轻肿胀、促进损伤的尽快恢复。

除了热敷，热疗还有蒸熏疗法、远红外物理热疗、热雾疗法等，当然，这些治疗需要你在专业的医师帮助下完成。

热疗对消除跑步损伤引发的初期炎症有很好的效果。需要特别提醒你的是，急性损伤、血液循环不良、存在障碍的损伤部位及有感觉障碍的部位，切记不可采用热疗。

健康贴士

热敷包

热敷包是一种常见的热疗工具。湿热治疗敷袋是在很多康复治疗中会用到的比较专业的热敷包，它是一种里面充满凝胶的帆布袋，当里面的凝胶被热水激活后就能储存热量。

必须注意的是，使用热敷包，必须用多条毛巾将热敷袋包起来或者在患处铺上其他有隔热功能的物品，以防止烫伤。

韧带损伤的康复训练

韧带损伤是跑步中很容易发生的一种损伤，所以这里就结合跑步损伤会经历的三个时期，带你了解下韧带损伤的康复训练。

◆ 急性期的韧带康复训练

韧带损伤的第一个阶段——急性期，损伤部位红肿、疼痛，关节活动失去功能。

01　避免因为发炎带来的肿胀等问题太影响到伤者的生活；加速损伤部位的愈合，防止出现二次伤害。

02　保护没发生损伤部位的正常功能，减少因为损伤部位的固定不动而带来的不良影响。

急性期韧带损伤的康复目标

科学跑步：健身跑如何远离运动损伤

> 暂停跑步活动，必要时用夹板或支架固定伤处，避免二次伤害。

> 发生损伤的两天以内，要每隔两个小时进行一次冷敷。每次冷敷时间大概20分钟。

> 平躺在垫子上，可以拿一个枕头垫在损伤部位的下方，使其高度与心脏高度持平，以使局部血液得到及时回流，减少肿胀发生。

急性期韧带损伤的康复方法

◆ 亚急性期的韧带康复训练

韧带损伤进入亚急性期时，这一时期大概会持续一个半月的时间。此时，韧带纤维会不断生长修复，之前的肿胀、发热等症状会慢慢消失。然而，愈合后的韧带纤维非常细且排列混乱，极其脆弱。

01　合理运动，逐步对愈合后的组织进行强化。

> 02 在愈合后的韧带可承受范围内进行活动，应保证不因过度运动引起二次损伤和发炎。

亚急性期韧带损伤的康复目标

这一时期的运动方式可以选择主动运动与多角度等长收缩运动。以腕部损伤康复为例，康复方法如下。

> 在不同角度下施加阻力，保持手腕向上抬的动作。

> 在康复医生指导下进行拉伸练习，增强腕部柔韧性。

亚急性期韧带损伤的康复方法

◆ 慢性期的韧带康复训练

伤者的韧带损伤进入慢性期时，之前的发炎迹象基本消失，韧带正在努力变得成熟并进行重塑。这一时期的持续时间大概是一年。

这一时期的韧带康复训练重在对修复后的韧带的适应性运动，提高修复后韧带的强度和弹性，逐步恢复，争取早日恢复健身跑。

科学跑步

健身跑如何远离运动损伤

聪明跑者远离损伤的跑步计划制订

制订跑步计划的重要性

科学的跑步训练计划能降低你在健身跑中发生损伤的风险，更重要的是，它可以让你的健身跑更有计划性、安全性，更有品质。

每个人的情况不同，你的跑步计划要符合你自己的身体状况和运动水平，千万不可盲目照搬他人的运动计划。

跑步计划应涵盖的内容

如果你是初跑者，将要开启第一次正式的健身跑，你可以参考如下跑步计划的制订思路。

健身跑后，可以慢跑或步行10分钟左右，然后静态拉伸10分钟左右。

需要提醒你的是，拉伸不可过度，否则容易造成肌肉拉伤。

科学跑步：健身跑如何远离运动损伤

热身 ★
- 来回踱步、慢跑
- 拉伸身体各部位
- 原地跳，唤醒身体活力
- 热身5~10分钟

从慢走到跑 ★★
- 20分钟步行
- 其中进行3次2分钟慢跑
- 40分钟步行
- 其中进行6次2分钟慢跑

进入跑步状态 ★★★
- 40分钟平缓长跑
- 正常平稳的鼻呼吸
- 可以尝试用口辅助呼吸，口呼鼻吸

停下与整理放松 ★★★★
- 健身跑结束后，原地踏步小跑或再慢跑2分钟
- 放松四肢，按摩并拉伸发紧的肌肉
- 运动后注意科学补水

初跑者第一次跑步计划

> **奔跑驿站**
>
> ### 有力量，才能跑得好
>
> 任何运动都离不开力量，健身跑也是如此。
>
> 有了力量，你在跑步时才能保证速度和灵活性，对身体的控制力更强，关节的稳定性、缓冲振动能力也会得到提升，在跑步时就不会很快感到疲劳。不仅跳得高、跑得远、跑得快，而且可以有效避免运动损伤。

每个人的身体素质、跑步水平不同，制订的跑步计划也略有不同，而且，即便制订好的计划，如果在跑步中发现不够完善，也应进行适当的调整。

科学跑步

健身跑如何远离运动损伤

参考文献

[1] 北京医师跑团. 你真的会跑步吗 [M]. 北京：现代出版社，2018.

[2] 罗炜樑. 科学跑步：跑步损伤的预防与康复指南 [M]. 北京：清华大学出版社，2019.

[3] 戴剑松，郑家轩. 无伤跑法 [M]. 北京：人民邮电出版社，2018.

[4] [英] 保罗·和布拉夫（Paul Hobrough）著；任钰琪译. 拒绝伤病：跑步损伤预防与恢复指南 [M]. 北京：人民邮电出版社，2019.

[5] [德] 赫尔伯特·史迪凡尼著；毛方英，张玄黎，殷媛媛译. 跑步圣经（第二版）[M]. 北京：北京科学技术出版社，2018.

[6] [澳] 布拉德·比尔（Brad Beer）著；徐建武，廖丽萍译. 无痛跑步法——一名物理治疗师的五步指南：享受无损伤及快步跑步 [M]. 长春：辽宁科学技术出版社，2018.

[7] [美] 乔丹·D. 梅茨尔（Jordan D. Metzl），克莱尔·科瓦克（Claire Kowalchik）著；鄢峰，乐乐译. 跑步损伤的预防和恢复 [M]. 北京：人民邮电出版社，2017.

[8] ［日］铃木清和著；王爽威译.终结跑步疼痛：16种常见损伤的精准治疗方法[M].北京：人民邮电出版社，2017.

[9] ［加］伊恩·麦克尼尔，不列颠哥伦比亚运动医学理事会著；潘小飞译.爱上跑步的13周[M].北京：南海出版公司，2014.

[10] ［英］约翰·谢泼德著；陈冰译.跑步力：避免受伤、跑得更快更持久的训练计划[M].南京：南京大学出版社，2016.

[11] 方旭东.跑步笔记[M].北京：人民邮电出版社，2019.

[12] ［美］贾森·卡普著；王晓芸译.跑步减脂[M].北京：北京科学技术出版社，2020.

[13] 林路.跑步者说[M].北京：当代世界出版社，2016.

[14] 主流.实用饮水与健康常识[M].成都：成都时代出版社，2010.

[15] 刘琦，马艳.足底痛病人社区和居家康复训练指导手册[M].武汉：华中科技大学出版社，2012.

[16] 鲁端.运动性高血压的现代认识[J].心电与循环，2018，37（03）：147-151.